文明互鉴的时代哲思

WENMING HUJIAN DE SHIDAI ZHESI

中国哲学

外国哲学

科技哲学与逻辑学

马克思主义哲学

刘牧 罗伯中 周骅 主编

湘潭大学出版社
XIANGTAN UNIVERSITY PRESS

图书在版编目（CIP）数据

文明互鉴的时代哲思 / 刘牧，罗伯中，周骅主编．
湘潭 : 湘潭大学出版社，2025．5．-- ISBN 978-7-5687-1771-7
Ⅰ．B-53
中国国家版本馆 CIP 数据核字第 2025NR9690 号

文明互鉴的时代哲思

WENMING HUJIAN DE SHIDAI ZHESI

刘牧 罗伯中 周骅 主编

策划编辑：倪慧燕
责任编辑：倪慧燕
封面设计：李　平
出版发行：湘潭大学出版社
社　　址：湖南省湘潭大学工程训练大楼
电　　话：0731-58298960 0731-58298966（传真）
邮　　编：411105
网　　址：http://press.xtu.edu.cn/
印　　刷：长沙创峰印务有限公司
经　　销：湖南省新华书店
开　　本：710 mm×1000 mm 1/16
印　　张：10.75
字　　数：214 千字
版　　次：2025 年 5 月第 1 版
印　　次：2025 年 5 月第 1 次印刷
书　　号：ISBN 978-7-5687-1771-7
定　　价：49.00 元

序 言

在2023年五四青年节之际，为弘扬青年哲学学人风貌，由湘潭大学碧泉书院与湘潭大学研究生院、湘潭大学教务处主办，湘潭大学碧泉书院研究生会、湘潭大学碧泉书院研究生团总支、湖南科技大学马克思主义学院协办的第一届碧泉青年哲学论坛正式召开。本次青年哲学论坛的举办获得了可观成功，并于2024年再次举行。两次青年论坛共计收到近200篇来稿，在优中取优的基础上总计收入近100篇论文，并在严格的盲审制度上基于学术水准予以了评奖。本书集结的15篇文章正是遴选自两届青年论坛的获奖论文，可以说清晰呈现了湘大哲学青年学子的学生风貌。

中国哲学专栏收录的六篇文章分别围绕心学、理学、孟子道德哲学及道家生命哲学等主题开展。雷定京其文从格物致知这一明代儒学的重大问题入手，深入分析了朱英与陈献章两位儒学先贤对于该问题的重大推进，并阐明了两者在万象涵养与经世致用两方面的相互影响。杨云飞其文探讨了自牟宗三以来的心学客观性问题，试图呈现后学解决心学流弊不同方案的得失，最终依照康德哲学尝试提出了一条践仁之路。荀子杰与陈静其文更深入地推进了心学客观性问题，着重回应将良知视为某种理学式真理的客观性主张以及进而引发的在本体与实践之间的脱节问题。对此他们的核心思路在于挖掘良知作为一种关系本体的形态，进而为心学在伦理实践上的客观性提供回答。林娜、陈涛与王俊沛的文章亦分别考察了谭峭《化书》中的生命哲学、孟子的责善思想辨析以及朱陆二人对异端概念的内在差异。

外国哲学专栏收录的四篇文章涉及现象学与早期语言哲学的根本问题，以及来自分析与欧陆风格对于现代美学的一组可比照的考察。喻飞扬其文直指胡塞尔乃至整个现象学运动的根本疑难，即发生现象学中“历史的先天”这一问题。在原初意义沉淀这一概念下，主观主义和客观主义的冲突构成了两重矛盾。对此，喻文围绕早期胡塞尔关于历史目的论的思想及后续演变展现了基于胡塞尔的个人思想解决该问题的可能性。尹沛其文探讨维特根斯坦后期著名的私人语言论证，其核心旨趣在于回应索姆斯对该论证在强弱论题等效上的批评。基于对维特根斯坦的重释，尹沛反驳了索姆斯对强弱论题的区分，并澄清了私人语言论证与“意义即使用”的内在悖论。李帛雨其文考察了丹托与格林伯格各自的艺术理论，尤其着重考察了丹托的艺术终结论对后者构成的批评。在其分析中，艺术终结论深陷于对艺术的观念化以及宏大叙事的依赖，从而并未在根本上超出格林伯格的艺术理论。冯琳童其文详细考察了阿多诺对黑格尔美学的批评，从理性感性、同一异质间的张力出发，阿多诺对黑格尔的艺术乌托邦构想予以批评，并主张了艺术自身的真理地位。

科技哲学与逻辑学专栏收录的三篇文章涵盖知识理论、形式科学哲学以及人工智能哲学等“硬核”主题。朱颖楠其文紧随当代知识理论的奠基之作葛梯尔反例的最新进展，在考察了针对辩护与真这两重要素间张力的现存分析后，该文以威廉姆森的知识优先方案作为解决该问题的新路径。赵雨欣其文考察科学哲学中关于理论取舍的简单性标准，为衡量科学理论的简单性与解释力之间的张力，她引入了AIC准则这一统计学的模型衡量方法，并考察了AIC准则与通行的贝叶斯准则之间的差异。王婧卉其文探讨了人机信任问题，尝试基于人际信任理论为人机信任的可能提供一些建议。马克思主义哲学专栏收录两篇文章。张丽云其文对西方马克思主义奠基人卢卡奇的思想渊源中常被忽视的新康德主义要素予以了详尽考察。围绕新康德主义者西美尔对卢卡奇早年物化思想的影响，以及卢卡奇中期对该思想的反叛与晚年的复归，其文细致呈现了新康德主义思想在卢卡奇物化理论中从未消弭的地位。李辰笙其文细致考察了实践概念在各版本经典教科书中的概念演进。

以上十五篇文章是湘大一代青年学人学术视野与精神风貌的一个缩影，本文集的出版离不开碧泉书院对青年学人的善待与爱护。学术论坛从组织到开展有赖于认真负责的罗伯中教授与周骅教授的全程组织与协调，离不开碧泉书院可敬可爱的张今杰、陈代湘、陈晓华与李锋锋等诸多老师的大力支持与参与。期待各位湘大青年学子能够秉承学术理想，相信自己的学术才能，在日后的学术道路上奋勇前进。

刘　牧

2025年5月

目 录

【中国哲学】

【外国哲学】

【科技哲学与逻辑学】

【马克思主义哲学】

【中国哲学】

朱英与陈献章关于格物致知问题的论辩

雷定京*

“格物致知”是儒学的一个重要思想范畴，明代学者朱英与陈献章曾就此概念的定义进行过多次论辩。朱英(1417—1485)，字时杰，号澹庵，又号诚庵、认真子，湖南汝城县人，是明初理学名臣。陈献章自称“早从太保学关西”，认为朱英是继吴与弼后自己的又一位恩师。[1]朱、陈二人长期保持亦师亦友的关系。朱英等汝城学者与陈献章等江门学者在许多学术问题上有过广泛深入的讨论。虽然江门学派诸儒对于朱英的理学思想颇多认同，但二者在格物致知问题上分歧较大。朱英早年恪守程朱理学，特别亲近吴澄理学，认为格物致知即是博览儒家典籍，从中获取存守、进退、治乱之知，继而将此知运用在伦常之理上。然而陈献章却别开生面，提出“体物缘情”的格致新路向。在与陈献章的论辩中，朱英逐渐对自己的格致思想进行了修整，使其更为圆熟，形成了他的晚期格致工夫。不久后朱英猝然离世，标志着二人的论辩正式结束。朱、陈二人皆形成了独具系统的格物工夫，并且在相互辩论中达成了彼此的理解。两人的论辩第一次将明代“格物致知”的大讨论推向高潮，为此后王阳明与湛若水、罗钦顺的“格致之辩”奠定了重要的理论基础。

一、读书致知成学：朱英早期格致思想的要义

朱英早年继承发展了元代理学家吴澄、欧阳玄等人的格致思想，认为格物之“格”即是精读记诵之意，而格物之“物”则是指经训章句。因为程朱理学的格物致知之学，本是强调训格伦常之事以求得道德之理。在此思想进路中，训格“物理”实际上即是格取“伦理”，而读书穷理、讲学致知显然是现实生活中最贴合道德伦常的行为。因此，朱英特别推崇程朱理学，认为周敦颐、二程、朱子、张栻等理学家具有

***作者简介**：雷定京，男，1997年生，湘潭大学哲学与历史文化学院(碧泉书院)哲学系中国哲学方向博士研究生，研究领域：明代湘学。本文系湖南省研究生科研创新项目“晚清湖南公羊学经世致用思想研究”(编号：CX20230538)的阶段性研究成果。

深厚的“道学渊源”，他们“振起斯文之山斗”，在个人品德方面“忠节慷慨”，乃是中国儒学史上的“耿光千古之日星”“尤可仰而可学者”，必须通过不断地读书穷理领悟他们的风采。[2]朱英的格物致知工夫同样也遵循程朱理学的致思路径：先是读书穷理以获得闻见之知，继而以理贯知，存守德性之知。

成化十二年丙申(1476)，陈献章前往广西苍梧县拜谒朱英。朱英当时已是享誉岭南的理学名臣，上至达官显贵，下至黎民百姓，都对他的人品学问佩服至极。陈献章对朱英的理学思想早有耳闻，且朱英担任广东右参议时也曾亲自登门拜访白沙。彼时朱英恰好正在费尽心力重新编订《宋史》，并着力阐述其早期格物工夫论。于是此次朱英详细地向陈献章阐述了自己的格物致知思想，并希望获得陈的认同。陈献章在苍梧与朱英进行了细致探讨，对朱英的格致工夫表示疑惑。但当时他尚未形成自己独特的格致工夫系统，只是碍于朱英的师长身份而未作反驳。这次与朱英的讨论，促进了陈氏对格致工夫的思考。

根据朱英格致思想的内在逻辑理路，可将其格致工夫划分为“读书”“致知”与“成学”三个阶段。他与陈献章的论辩，也是基于此三阶段而深入展开的。

首先，朱英早期格致工夫的第一阶段是“读书”。“读书”即指读书穷理以获得闻见之知。朱英认为，“格”就是奋发训读、记诵章句，“读书”即“读书穷理”，就是要“间将《四书》流水诵读”。[3]“读书”乃是朱英早期格致工夫的第一阶段，此一阶段的训读记诵章句只能增长“见闻之知”，主体并不能获取客观知识与道德法则。朱英以自己幼年初学为例，认为初入格致之学者极易陷入“随时游惰”的境地；如果始格外物便急于致知，则将“莫知所从”。[3]因此，初学者必须严谨律己，通过诵习背诵默识经训、积累知识。朱英认为，“读书”除却记诵默识之外，还须勤于动笔摘抄。初学者每月不拘于某一专题，随时就《四书》章节着意摘抄四至五篇，反复抄写于稿纸之上，这样的抄写有助“即识于心”。若是“初学用功未至”，则“不偶而归”，对于疑难困惑之处，必定要钻研明晰。[3]反复诵读、抄写，乃是“读书”工夫的第一步，也是初学者登堂入室的必要路径。他认为“格”不仅含有格义、训读之意，更意指规范、仪轨。“格物”便是“格书中之物”，要严立程限、日夜诵读：志力益励，自行严立程限，凡书之艰涩者，夜读之，平易者，昼读之。卧起以困省为度。[3]朱英将程颐主敬的修身工夫熔铸于读书穷理之中，认为读书训理应当持敬守度、励志严规。对于经典之中的艰涩疑难之处，他认为不可轻易放过，必须于深夜寂静时独处书斋之中反复吟咏记诵；对于经典之中的平易通俗章句，他则认为应当在白天观书时深入学习。朱英力行儒家晨则起早、夜则眠迟的苦读工夫，以主敬涵养统摄读书记诵，要求初学者对于书本义理先立敬穆之意，进而再苦读吟咏、反复背诵。于是，格物工夫最主要即是实现广取博览之功，“格”之大义正在于持敬谨守义理、苦读格取知识。朱英总结道："独笃志读书作课，着实工夫。"[3]唯有以笃志持敬的态度刻苦读书作课，方能将格物工夫落到实处。通过笃志读书的格物苦功，初学者将外在的客观知识转化为内在的见闻之知，继而为德性之知的涵养奠基。

其次，朱英早期格致工夫的第二阶段是"致知"。"致知"所致成的乃是"德性之知"。朱英认为，习读记诵的读书工夫只能为主体积累见闻之知，而德性之知却需要主体达到一定境界方能获取。他认为这种境界便是宋儒所说的"孔颜乐处"，唯有处于此境界中的主体才能做到"乐学""玩学"。每个人都有可能经历生活中的贫困或是精神上的贫乏，当以怡然自乐、精研好学的态度面对并化解危机时，方能体味"孔颜乐处"的醇正滋味，到达"点玩学问"的阶段。"点玩学问"便是"孔颜乐处"的境界，是处于艰难境地却仍旧乐于钻研、深耕儒家学问的高尚境界。在这一境界中，主体不再是盲目背诵以获取知识，而是"且玩诸儒论著""精读详玩""留心点玩"。[3]因此主体的"致知"不再是"格物"阶段的刻苦钻研、艰难问学，而是悠游于经典之中，玩味章句余蕴以涵养自身情操、丰富自我德性。朱英提出："使人学近颜子地位，又何贫贱富贵之有？"[3]格物读书穷理只能获取知识与义理，儒家先贤砥砺意志的高尚人格，却能进一步激励后世提升德行修养。"颜子地位"便是箪食瓢饮、居于陋巷，但仍旧乐学、好学的无上境界。达到"颜子地位"境界的君子，不会对世俗宠辱耿耿于怀，而只对圣贤的义理与德性"一系于心"。读书穷理的格物工夫，只能不断拓展主体的见闻之知；感悟"孔颜乐处"的高尚人格，才能不断激励开掘出主体的德性之知。见闻之知能为德性之知奠定知识基础，但唯有在德性之知的统摄之下，见闻之知的拓展才能为主体的生活增添更多乐趣。据张元济先生辑佚的朱英《宋史后序》，朱英对往圣先贤特别是宋代理学家的高尚人格特别佩服，认为他们运用"德性之知"涵养心性、提升道德境界，其学问"治体之纯，道学之粹，远追三代"，而其学术繁荣的景象"亦何其盛矣哉"。[4]因此，后世学者应当将上述理学家作为标的，他们的道德文章足以成为后世儒林的典范。就这样，朱英在宋儒的基础之上进一步对格致工夫作了精细化处理，将致知工夫提炼为涵养德性之知的道德修养方式，使之相较于格物工夫更上一层。

再次，朱英早期格致工夫的第三阶段是"成学"。朱英没有将格致工夫仅仅停留于致知层面，他继承了湖湘学派理学经世的学术品格，将"成学"作为其早期格致工夫的最终阶段。他认为"成学"便是"成人"，因为"成学"本就是见闻之知与德性之知的两相结合。仁人君子丰富知识、提升道德显然未能达到格致工夫的圆熟境界，经由"成学"得以"成人"方能使得儒家的理想人格屹然挺立。朱英认为"志愈笃而业愈修"，笃志为学的根本目的是实现经世大业，盛德与修业相结合，格致工夫的理论闭环方能最终达成。无论是见闻之知抑或德性之知,都应与现实世界紧密联合,凡有可为行之助者的知识或论述,都应当随时记录,无所遗漏。朱英认为读书工夫乃是“从之章句”,本为“中人以下之资所常能耳”;致知工夫则是“涵养造就”工夫,需要主体博学精思,继而将见闻之知与德性之知“一理贯通”,最终通过不断的“穷理修身”树立理想人格。而“成学”工夫乃是“致君泽民”的伟业,系“成贤人君子之事业”。韩愈即使被贬潮阳,仍旧忧国虑民,梁灏就算年过八十,仍想为国分忧。可见,在朱英看来“成学”便是“成人”,“成人”便是“成业”。“成学”就是主体将所学所思运用于实际生活中,在现实践履中不断丰富完善主体的知识与道德,积极为国家苍生建立大业、谋求福利。朱氏认为,“成学”便是“世笃忠贞,尊主庇民。兴利除害,激浊扬清。邦无弊政,国有祥刑。不僭不滥,千古蜚声”。[5]格物工夫与致知路径,若不经由经世践履致使所得学问最终成行,则终究是高悬于书斋之上的章句学问,并不能转化为裨益于黎民苍生的盛德大业。朱英正是基于其强烈的理学经世风格,生前三次致信陈献章,以老师身份劝诫其“即日起程赴京”参加“春闱”科举考试,并屡次向朝廷举荐陈氏。[1]朱英与白沙最大的思想分歧亦在此处:朱氏认为必须恪守程朱理学的格物读书穷理方法,一步一步扩展知识、成就事业;但陈献章早年在吴与弼处观书数年却一无所得,早已对程朱理学的格致方法感到困惑不已,因此对朱氏三段式的格致思想也表示疑惑与退怯。

朱英对于程颐、朱熹、张栻等宋儒的格物致知思想进行了综合兼容。不同于宋儒坚持将“格物”与“致知”作为格致工夫一体两面的理论进路,朱英将二者进行了细致划分,并且认为读书工夫只能拓展主体的见闻之知,而乐学工夫方能提升德性之知。读书工夫是乐学工夫的知识准备,乐学工夫则是读书工夫的道德归依,二者通过现实践履统一于“成学”的经世大业中。

二、感格体知成仁:陈献章对于朱英早期格致思想的批评

陈献章生前与朱英探讨学问的书信共有四封,他与朱英互相唱和的诗文更是多达十三篇。成化十二年丙申(1476)秋十月,自苍梧返回江门一月后,陈献章仍对朱英的格致工夫感到疑虑,于是寄出了致朱英的第一封信。陈献章在向朱英表示感谢的同时,亦希望对方能为其作出解答。陈献章在第一封信中显然不完全赞同朱英的格致工夫,他以“仆之驽钝、不可驱策而思进之万里之途也”委婉地向朱英表达了反对。[1]并且他还暗指朱英的读书工夫只是“为禄仕之计焉耳”,沉溺于章句记诵之中,“则将悼其穷且老”,徒费光阴于无益学问之中。如果一味在章句记诵与抄写之事上“踽踽焉”“恤恤焉”,恐怕将无所获得。[1]朱英的复信现已不存,但就陈献

章集中留存的来往书信而言，朱英此时仍旧坚守其颇具程朱遗风的工夫系统，似乎对于陈献章出仕的期盼极其热切。但由于陈献章此时未形成完整的格致工夫论，因此二人未对这一问题进行详细探讨。

成化十三年丁酉(1477)春，朱英复信陈献章，在信中他再次强调了上述三段式的格致思想，并着重叮嘱陈献章应注重“成学”工夫，盛情举荐他参加京城会考，希望陈氏能学以致用、步入仕途。陈氏委婉地向朱英表达了自身不适宜“成学”工夫的想法，他致信朱英言：“夫天下之理至于中而止矣。中无定体，随时处宜，极吾心之安焉耳。”[1]陈献章以“随处体认天理”的工夫，拒斥朱英“读书穷理”的工夫思想。他认为天理并非泥居于一处，而是随处可体认。随处体认便是格致工夫，这一工夫能使心体处于适宜安宁之状态。因此，不仅应从书本中格物致知，更应在万物之中体认天理。但“随处体认天理”是如何格取外物而获得知识的呢？陈献章并未向朱英详细阐述，这或许也是因其格致思想尚未成熟。

成化十三年丁酉(1477)夏，朱英再次致信陈献章，希望他能力行“成学”工夫，切勿荒废韶华。朱英认为学而优则仕便是“成学”的表现，故陈氏应当立即赴京赶考。于是他在来信中恳切要求陈氏“即日起程赴京，春闱在迩，不许推延”，希望他立刻“降临衡茅”，随众多考生北上前往京城奔赴春闱考试。[1]陈献章对于朱英宽容大度、热情诚恳的高尚人格感到由衷地感激与敬佩，但他同时也发自内心地反感记诵抄写的观书工夫，厌弃科举入仕的选拔方式。于是在复信中，陈献章以在家侍奉老母为由再次婉拒了朱英的邀请。陈献章深刻地认识到，必须开显出独属于自己的格致工夫，才能有效应对朱英等理学家的挑战。

成化二十年甲辰(1484)，陈献章第四次致信朱英，此次是应朱英亲邀，为朱氏所作《认真子诗集》撰写序言所作的复信。陈献章在此复信中，详细阐述了独具特色的格致思想，这也标志着其格致工夫论的成熟。结合陈氏的四封回信来看，陈献章的格致思想，是为应对程朱理学特别是朱英的格致工夫的挑战而作。其格致思想经历七年时光，在与朱英的反复商讨中逐渐走向成熟。

针对朱英融汇程颐主敬工夫与朱熹读书方法，以及张栻“义利并进”思想的致思路径，陈献章提出了切中肯綮的批评。由于朱英本为陈氏师长，因此陈氏未在四封书信中严词驳斥，而是以商讨口吻逐一向朱英提出了自己的看法。综合陈献章写给朱英的四封书信，其格致工夫也可分为三个层面：他认为“格物”并非朱英的“读书”，而是“感格万物”之意；“致知”也并非朱英所设想的涵养德性之知，而是体察听知万物的回应；格致工夫的最终目的并非朱英所言“成学”以立大业，而是实现“成己成物”的生生之仁。

第一，“格物”乃是“感格万物”。在为朱英文集所作的序言中，陈献章正式向朱氏表明了他关于格致工夫的不同意见。陈献章在序言中将格物之“格”理解为“感格”“感通”。而“格”亦可析为二义:“通”,即与天地鬼神相联通;“格”,即与草木鸟兽相感格。陈献章认为,格物的主要手段是体物言情、观物体情。格物工夫与致知工夫是感格的一体两面,二者不可分割。格物工夫乃是主体对于天地万物之道的悉心体认,致知工夫则是天地万物对于主体心灵的反馈回应。陈献章认为格物工夫最重要之处在于“感格”,而“感格”首先需要主体“通”,“通”即“感通”,就是“动天地”“感鬼神”,即与天地奇奥无间互动、与鬼神众灵互相交感。[1]“感通”不仅需要调动五官的知觉功能,更需要发挥心灵的体知功能。“感格”其次需要主体“格”,不可“格”之以耳,而需要“格”之以心。主体充分调动心灵的感格力量,格取草木万物的勃勃生机,随同鱼虫鸟兽自由徜徉,使得心体不断接受自然生趣的滋养。陈献章的“感格”“感通”工夫完全不同于宋儒的格物致知思想,而是蕴含其融通理学与心学的理论创造力。陈氏的这一格物思想在当时产生了巨大影响,既是对程朱理学格物工夫的反拨,亦是对陆氏心学的丰富发展。

第二,“致知”意指体察听知万物的回应。陈献章认为,“致知”便是主体对于自然万物回应的体察与听知。因此,他并没有沿袭程朱理学的路径,将“致知”囿陷于“见闻之知”与“德性之知”的窠臼之内,而是将“致知”扩展为心体的感知机能。他认为“夫道以天为至”,主体践履格致工夫,正是为了体察天道;与此同时,天道也将给予主体相应的回馈。陈献章指出,在格物层面“人诣乎天”“言诣乎天”,主体在与天道的交感通格之中,与天地万物进行心灵的对话。[1]与此同时,天亦语于人、天亦诣于人,主体获取天地万物对于其心灵反馈的过程,便是陈献章所认为的“致知”。对此白沙曰:“形交乎物,动乎中,喜怒生焉。于是乎形之声,或疾或徐,或洪或微,或为云飞,或为川驰,声之不一,情之变也。率吾情盎然出之,无适不可。”[1]致知工夫即是“形交乎物”的工夫,是主体心灵与天地万物的体认与神交,此种神交达到“中”的境界,便于心体之中萌生喜怒等自然情感。可见心体所生情感正是天地万物萌生而出。万物向主体心灵所做出的反馈则是“形之声”,此种形声唯可以心聆听,不能以目直观。“形之声”是天地万物本性的自然彰显,实际上即是“生生之道”的流露呈现。可见,白沙的致知工夫实际上是“致情”,他认为心体之情源自天地万物“形之声”,不同物体向主体心灵反馈的“形之声”轻疾徐缓、显微渺著各有不同。陈氏继承发展了《毛诗序》中的感格感通思想,认为主体对天地万物其性进行感格体察,在此基础上,其心灵进一步接受万物生生之性的陶冶。因此陈献章特别强调诗歌“体物缘情”的作用,“体物缘情”即主体运用心灵之情感格天地万物生生之道,天地万物生生之道又向主体心灵加以反馈的过程。故“体物缘情”就是陈献章理解的“格物致知”。至此,陈白沙构造的格物致知思想就形成了一个完整的逻辑闭环:主体通过格物工夫“感格”“感通”自然物性,此之谓“能尽物性”;主体继而通过致知工夫聆听接受万物之声,此之谓“能尽物情”。白沙的致知工夫并不会为主体丰富拓展客观知识、树立道德原则,而是诱导心体盎然情感萌生,促使主体达到与天地万物同为一体的境界。

第三,格致工夫的最终目的,是实现“成己成物”的生生之仁。陈献章认为“成仁”就是《易传》中所言的“成己成物”,“成己”即“秉好德之常性”,“成物”即“有成物之美意”。[1]“成己”意指主体在感格天地万物的同时吸纳万物生生之仁,“成物”意指主体顺应通达万物性情,继而天地万物又回馈主体“形之声”。这充分彰显了“成己成物”的生生之仁。扩充涵养心体自然之情,此之谓“成己”;感格天地万物大德以护生、爱生,与自然融合为一,此之谓“成物”,陈献章理解的格物致知的大道就在此中展开。因此,不同于朱英,他所理解的格致工夫的最终目的,不是局限于“成学”经世致用,而是要实现“成己成物”的生生之仁。陈氏继承了董仲舒的“天心”思想,认为“成己成物”的生生之仁即通达“天心”。格致工夫为何要彰显生生之仁,以此通达“天心”、感召万物呢?陈献章言:“耳目无交不展书,此身如在太清居。雪消炉焰冰消日,月到天心水到渠。”[1]格致工夫必须以耳目与万物交感通格为前提基础,如无此过程则一切读书穷理工夫皆是虚妄。在此基础上,通达“天心”就如雪消火焰、月到清空、水漫沟渠一般浑然天成。可见陈献章在格致工夫方面讲究自然浑成,而反对刻意读书记诵之雕饰,认为主体由“格物致知”达至“成己成物”乃是一个自然过程。可以看出,陈献章的格致工夫具有浓厚的道家“齐物”色彩。问题在于,陈献章将“成己成物”的“成仁”境界作为格致工夫的最终阶段,将“成己成物”与其“随处体认天理”的格致系统融合无碍,祛除了“成己成物”思想的事功特质,将朱英强调的理学经世之“成学”境界还原为与万物同归一体的质朴无瑕状态,这就在一定程度上消解了传统儒家“成仁”思想的致用底色。于是,朱英与陈献章就不可避免地须对“成仁”境界作出进一步的深入讨论。

三、朱英晚期格致思想的发展及其对江门学派的影响

同朱熹及张栻的论辩相似,朱英在与陈献章的讨论过程中逐渐吸纳了陈氏格致思想的合理部分,并对陈献章格致思想轻视经世致用的倾向作出了纠正。他的纠正并不是直接对陈献章进行批评,而是继续坚守其格致思想的经世致用风格,并且努力以此风格影响陈献章、林光、湛若水等江门学者。

（一）朱英晚期格致思想的发展

成化二十年甲辰（1484）夏秋之交，朱英接收到了陈献章的复信，可并没有文献证据证明朱英又去信与陈献章进行再次商讨。虽然由于朱英生前重要著作的佚失，对其晚年思想的还原面临着许多文献学方面的困难；但值得庆幸的是，在陈献章及其高足林光、湛若水与晚年朱英的交往诗文当中，我们仍可在一定程度上管窥朱氏格致工夫的思路变化。朱英受陈献章的影响，试图融合理学的格致工夫与心学的体物方法。他对陈氏的格致工夫进行了系统化的吸纳与改造，主要体现在："寒窗用力"与"俯仰乾坤"结合、"德业名世"与"万象涵养"并重。

首先，朱英晚年格致工夫，是对其早年"寒窗用力"读书法与陈献章"俯仰乾坤"工夫论的结合。在与陈献章进行反复磋商之后，朱英仍旧坚持认为"寒窗用力"的苦读精神不可偏废。朱英晚年对其长子朱守孚及其侄子朱守恕反复叮咛"家藏万卷即良田"，他认为读书穷理不仅能通过出仕做官改善物质条件，而且还能极大满足主体的精神需求。因此，他认为儒家经典中的"过庭诗礼"绝对不可"疏阔"，《四书》章句还需反复诵读抄写，并且这种刻苦的经典学习必须"夜以继日"，逐渐达到"体尔端正""用尔光明"的境界，最终便能实现"斯学之成"。[6]与此同时，朱英还十分注重体认自然万物中所蕴含的生生化育之道，这便是"俯仰乾坤"。"俯仰乾坤"出自陈献章弟子林光寄予朱英的《奉谢朱都宪诚庵先生》，林光认为朱英具有"俯仰乾坤无可谢"的气质精神。[7]朱英晚年著作中也时常出现仰观"乾坤柱"等描述。"俯仰乾坤"是一种主体通过调动心灵情感的方式体察物类秉性的观物工夫，是对于陈献章"随处体认天理"思想的延续。但与陈献章的静坐体物方法不同，朱英不喜空对自然枯坐寂察，而是仰观天地、俯察品类，体味天地万物的生命活力。

朱英自己晚年也常以"轻仰止""皆仰止"来描绘其体物工夫。他以"轻仰止"强调其格致工夫的深度，即主体品察"霞红欲敛""鸟倦仍啼"等天地生机时，并不过度陷溺于万物的外在表象当中，这便是格致于万物而不陷于万物。[8]他又以"皆仰止"展现其格致工夫的广度，强调主体在赏观天地万物的过程中应当秉承"万物一体"的态度。朱英借用心学的思想范畴，认为心体"太古"，而主体的身躯却"嚣嚣"无常，但即使如此，主体也应当"肯关尘世半分愁"。[9]可见，朱英晚年的格致工夫论中吸收了陈献章心学思想中的合理成分，相较于其早年格致工夫而言，更注重发挥心体的感知功能，并且讲究以心驭情、缘情格物。

其次，朱英晚年格致工夫，是对其早年"德业名世"精神与陈献章"万象涵养"境界的融通。他早年曾赞扬其师邝埜"遭逢德业堪名世"，因此长期以来他就将"德业名世"作为参赞化育的最高理想，认为君子格物致知就是要成就经世大业。[10]朱英不但以此为标准严格要求自己，还多次致信陈献章以表勉励。但多年以来，陈氏于此问题与朱氏存在较大分歧，还多次以隐居避世、归乡尽孝等理由婉拒朱氏的举荐。朱英早年的格致工夫最终目的就是要实现“学有所成”，即格致是为了出仕做官、造福苍生。晚年直至去世，朱英都一直恪守理学经世的精神，并将早年“成学”思想精细化为“德业名世”。相较于早年“尊主庇民”“兴利除害”“激浊扬清”的“成学”理想，朱英晚年更加注重“孔怀我后，于彼京华。宵旰其心，四海其家”的实践精神与家国情怀。[11]他在晚年功成名就之时，唯念为国家培养栋梁之材。可见，朱英终其一生都在践行理学经世、造福苍生的精神。

在写给朱英的最后一封信当中，陈献章认为格致工夫要“至于诣乎天”，他认为这种格致工夫主要通过俯察“百物生焉”、仰观“四时行焉”来展开。[1]朱英晚年接受了陈献章通达于天的体物缘情工夫，对自己的格致思想进行了最后的改造。存经世大志，却不妨碍朱英“万象涵养”的浪漫气魄。朱英以其诗人情怀，将儒家经世致用思想，融合投注于天地万物的整体之中。“万象涵养”要求主体通过心灵的凝涵保持“如水”的宁静状态，继而充分调动心体的感知、缘情功能，将天地万物的生趣与张力作为涵养心灵的活水源泉。[12]朱英将早年的“德业名世”思想融入于“万象涵养”的工夫当中，瞩目“秋月当空”“红树影吞”“鱼惊银钓”的自然意趣。这是一种踽踽于天地之间遨游、品味的齐物、观物工夫，是对于庄子天地为一、万物并生境界的儒家化。“万象涵养”涵盖一种吞吐山河、包育天地的宏达气象，具有鲜明的浪漫主义色彩。这一格致工夫扬弃了朱英早年唯独重视经世的缺漏与不足，为明代湖湘理学的格致思想增添了意蕴丰富的诗情。

（二）朱英晚期格致思想对江门学派的影响

朱英晚期的格致思想对陈献章及其学派产生了一定的影响，这一影响主要体现在：强化了江门心学格致工夫的经世致用特征，扭转了陈献章长期坚守的“隐居避世”的道家化修身方式，促使江门学派后学积极出仕做官，躬亲政事，努力造福黎民。

朱英的逝世对陈献章产生了巨大震动。朱英去世后，陈氏悲痛地写道：“楚天春望思难任，生死交情只自深。”[1]由于师长的猝然离世，朱、陈二人的格致之辩不得已中断。朱英逝世后，陈献章开始重新审视自己的格致工夫，并且进一步加深了对朱英经世精神的理解。他在为朱英撰写的祭文中深情赞颂道：“公在庙堂，当为砥柱；公去庙堂，当为鸿羽。公揽台纲，阅两寒暑，或弛或张，或默或语。迹公所为，谁夺谁予。”[1]陈献章高度评价了朱英的经世方略，认为朱英在朝为中流砥柱，退隐则为湖湘鸿儒。朱英一生为大明王朝鞠躬尽瘁，倾尽毕生心血振奋朝纲，实在是一代理学名臣。他还十分仰慕朱英扶危济困的伟大气魄:“疮痍已拯人间溺,经略还收战外功。”[1]认为朱英生前“爱惜饷军三十万”,既能跃马沙场,又能谏言朝廷,将理学经世的儒家理想发挥到了极致。[1]朱英经世致用的风范,开始促使陈献章思考如何“欲了平生功德状”,将格致工夫贯彻落实到修齐治平的具体践履当中。[1]这就丰富了陈献章心学思想中的经世色彩。

朱英的晚年格致工夫,对林光、湛若水等江门学派后劲力量也产生了一定影响。林光早年效仿陈献章,也喜好隐居避世,不问科举仕业。但在朱英的劝诫之下,林光开始积极参与科举考试,中第之后积极步入仕途,转而效仿朱英一边为官、一边治学,最后官至中顺大夫。林光十分敬佩朱英“威压百蛮谁敢乱”的威武气魄,认为其乃威震四方的“镇靖老将材”。[7]同时林光亦赞赏朱英晚年俯仰“乾坤雨露”、体察“蓓蕾精神”的格致工夫。[7]湛若水年轻时即听闻朱英盛名,同样亲受朱英积极入世的教诲,曾经奉使往安南国册封安南王,立下了汗马功劳。他完全以朱英作为人生的奋斗榜样,最后与朱英一样被朝廷追赠太子少保。湛若水在祭祀朱英的祭文中写道:是故有进贤为国之心,斯有老成深远之谋矣;有老成深远之谋,斯有经济久大之功用矣;有经济久大之功用,斯足以见清修无欲之本源矣。凡以立诚也,诚立而上下感应之机在我矣。[13]湛若水准确概括了朱英由“格物”感应进而“致知”立诚,最终实现经世方略的格致工夫。湛氏为感念朱英恩德,不仅平生以朱英门生自称,还反复与湘籍学者进行学术交流。晚年致仕后,湛若水更是不遗余力地前往湖湘各地讲学。

朱英与陈献章的学术论辩进一步丰富发展了朱英的理学思想,促进了其晚期格物致知思想的形成与成熟。朱英晚年成熟的格致思想受到了陈献章的赞同,并赢得了江门学派诸子的敬赏。不幸的是,朱英在其晚年格致思想建立不久后就因病逝世。朱英的逝世,标志着朱、陈二人的论辩正式告一段落。但在明代湘学与粤学的学术论辩中,这种思想讨论还远未终止。陈献章晚年还与朱英的后学朱甘节、朱守孚、朱玭、朱旷、李东阳等人开展了深入交流;湛若水晚年则在湖南收受了祝咏、刘黻、欧策、陈论、何天禄、陈尚伊、汪应璧等湘籍弟子,在三湘大地上广泛播撒了心学的种子。江门心学湖湘门人深入融合了朱英与江门学派诸儒的思想,极大地推动了明代湘学的繁荣发展。

参考文献

[1] 陈献章.陈献章全集[M].上海:上海古籍出版社,2019.

[2] 朱英.宋史序[M]//罗汝怀.湖南文征.长沙:岳麓书社,2008.

[3] 朱英.勉男守孚书[M]//钱绍文,孙光燮编纂.同治桂阳县志 卷之二十一 书.郴州:清同治六年(1867)郴州桂阳县刻本.

[4] 朱英.宋史后序[M]//张人凤.张元济古籍书目序跋汇编.北京:商务印书馆,2003.

[5] 朱英.赠推官蒙养正公赞[M]//朱偓,陈昭谋编纂.嘉庆郴州总志.长沙:岳麓书社,2010.

[6] 朱英.灯铭[M]//朱偓,陈昭谋编纂.嘉庆郴州总志.长沙:岳麓书社,2010.

[7] 林光.南川冰蘖全集[M].北京:中国文史出版社,2004.

[8] 朱英.大官夕照[M]//朱偓,陈昭谋编纂.嘉庆郴州总志.长沙:岳麓书社,2010.

[9] 朱英.太清渔棹[M]//朱偓,陈昭谋编纂.嘉庆郴州总志.长沙:岳麓书社,2010.

[10] 朱英.题忠肃祠[M]//朱偓,陈昭谋编纂.嘉庆郴州总志.长沙:岳麓书社,2010.

[11] 朱英.好风自南三章章六句[M]//朱偓,陈昭谋编纂.嘉庆郴州总志.长沙:岳麓书社,2010.

[12] 朱英.池月秋辉[M]//朱偓,陈昭谋编纂.嘉庆郴州总志.长沙:岳麓书社,2010.

[13] 湛若水.《朱诚庵荣哀录》序[M]//钱绍文,孙光燮编纂.同治桂阳县志 卷之十九 序.郴州:清同治六年(1867)郴州桂阳县刻本.

从“以心著性”重探心学的客观性问题

杨云飞*

牟宗三将五峰的“心以成性”转解为“以心著性”，且以为此义在蕺山处大显，意在先分设心性，后通过心体对归源于天道的潜存性体的彰著，接通《中庸》《易传》所言客观自存之天。性体在此充作连接天人之津梁，同时心体又获得天命性体代表的客观根据之持护，可解王学流弊。他以此理路来解儒学，在其三系说中，视明道、横渠、濂溪及开出的五峰蕺山系为儒学正宗，但此说有可商榷之处。道德形而上学体系创生实体不能有二，五峰、蕺山恐怕也无分设心性并将性归因于外在天道之意。对于解心学流弊，牟宗三希望通过性、天代表的客观面来贞定住主观之心，但性、天之客观性是在心之关涉中才获得的，其自身并无客观性，故通过挺立性、天并不能解此弊。杨泽波另辟蹊径，希望通过“智性”的再评判来解决，但其所谓“智性”具有很强的经验性格，从而破坏了道德之自主性，使道德成为他律，亦不能解决问题。那么，如何才能真正解决心学流弊？

一、心为道德形而上学体系唯一的实体

牟宗三通过形著手段将性天与心打合为一，认为这只是因“进路不同而决定者有不同”，并非“内容的意义最终亦不同”[1]，但从内与外、主与客、人与天两处来源分立心性，究竟是二，恐有在一个形而上学系统中存在两大创生实体之嫌。事实上，在理性领域唯一能确知到的实体唯有心，而性、天只是在与心及其发用相关联时，才被“视之为真”的虚说概念。

“心”即孔子之“仁”、孟子之“本心”。人作为感触界一员，因“心之官则思”，又显出智思性，不完全受感触自然条件支配。本心自由创立天理，用康德的话讲就是理性具有在意欲机能中立普遍法则之能，是人的自然禀赋，依此天理做道德之事，

***作者简介**：杨云飞(1999—)，男，内蒙古乌兰察布人，湘潭大学哲学与历史文化学院(碧泉书院)硕士生，研究方向为中国哲学。

终可将自身提升为道德者，将世界创造为道德世界，本心的创造实体义由此而显。本心也因着确立的天理作为道德践履之根据而普遍有效，故已存必然性、客观性，亦主亦客，则不需外在实体提供客观性；“性”即心之道德性[2]，是仅就心之确立道德法则而言的“虽大行不加焉，虽穷居不损焉”之定分，通康德“灵魂不死”之语，理性绵延无限的道德创造之能。就存有而言，性正如朱子所说“不是别有一物在心里”，是“心具此性情”[3]，二者“元不可相离”，“舍心则无以见性”[3]，可见心是绝对主宰，性只是心之性，不可离心潜存而作为所谓的客观面根据。

“天”，一方面是种象征性说法，是就本心道德创生之能的绝对必然性而言。孔子“天生德于予”、孟子“此天之所与我者”、《中庸》“天命之谓性”皆是此义，不能理解为天将德、性、理发命下贯于人，此是未明之事。“天命之谓性”应是说性之于人乃是绝对必然之定分；另一方面，天是由心衍生的道德神性王国的元首。我们将自身的有限性剔除，独将道德神圣性抬升，将其认作依道德法则颁布命令的最高理性存在，在心中设定这样一位道德完满者并向之看齐，同时它在心中监察一切，如蕺山所言：“心是鉴察官，谓之良知，最有权。”[4]在此意义上，“天非心乎？”[4]天离人岂远乎哉？只要“心得其所以为心”，“人得其所以为人”，依本心天理而行，充尽心之性，使人向道德最完满的状态无限靠近，则“天即我，我即天”[4]。可以说，天本身并不神秘，唯与心、与道德相关才获得崇高意义，若不关涉本心而作为超离者，则不可能唤起人内在的尊敬与崇高感，至多会引发畏惧与无能感。或者，可将《易传》言道、天、乾元及“天生烝民”之天，理解成“人自身之理性的统一性把现象世界的有限性扩展至的‘绝对无条件者’”，此无条件者只有对人类实践活动的指导作用，即“轨约原则”，但不能讲构造和决定。也就是说，将天限定为自然形而上禀赋的轨约原则也是可以的，此是依理性之思辨使用，属思辨形而上学的理解，但也不可妄以为，天作为一种既存实体甚至人格神可以决定人类活动[5]。

诚如康德在《判断力批判》中谈及“事实”时指出，事实分为能证明其客观实在性的概念（有与之相应的直观），和通过（亲身或他人的）经验能阐明的概念，值得注意的是，还存在一种“自由理念”的事实，其实在性可通过纯粹理性法则及现实行动得以阐明[6]，儒家的本心正是通过其颁布的天理及依天理的现实行动获得客观实在性，此是理性领域唯一的事实，“惟心无对”[3]，可用以诠人类道德之整全意义，较之于性更“有迹”[3]；而性、天（即康德之“灵魂不死”“上帝”）只是必须与纯粹实践理性之应用相关的、被先天思维到的“信念之事”，是关涉于心及其发用才被“视之为真”的虚说概念。性与天能够获得一定意义完全仰赖其作为理性之理想，依于心之实践使用，“尽心知性知天”即是说在心的实践使用中，性与天得以呈现，此“知”并非经验理论之知，而是依于本心实践之知。唯在此前提下，二者才能保有与主体道德性的一致性[6]。不过,性、天虽只是虚说的“信念之事”,但二者作为实现道德终极目的之辅助条件亦有实义。

故可知,依儒家孔子传统通康德哲学的道德形而上学,心乃可被确知到的唯一实体,是实说概念,道德践履之据由之而立,此“无间于圣愚,天下古今之所同也”,而性、天并不能代表客观面,只是心之衍生,如此方能讲“心性天一”,天人无间。宋明儒亦契此旨,如濂溪言道重视心、神义,并无离开“诚、心、神”另立道体之意[5]、横渠“大其心”、明道“感非自外”、象山“心即理”“非由外铄”、阳明“心即性,性即理”皆如此。心性天之所以需要分言为三,乃是为全本心的不同意味,故分言只是哲学的分解言义,不碍心性天一之旨。

牟宗三的“心”“性”之说似有混漫。“心”在他这里,大多也指本心仁体,但有时他又将道德情感上提至超越的层面,与心混杂,并为“超越、普遍、亦主亦客”者[2],但依康德,道德情感“必须被视为法则对意志施加的主观作用”[7],由心之法则而有,不能被误认为道德判断的标准,立法若混杂情感何以保其纯粹性?对于“性”,他也肯定是“吾人的‘内在道德性’之性,亦即能起道德创造大用,能使道德行为纯亦不已之‘性’也”[2],但认为在孟子那里与天“尚有一点距离”,故他将性的由来说成是“天命实体之下贯于个体而具于个体(流注于个体)”,“於穆不已”指“天”及“此实体之命令作用之不已”[2],借此打通天人之隔。可惜的是,将性之源乃至道德之源溯至天道,才是真正的“借天为说”,尽管他又通过形著将人心与性天打合为一,但在根本上仍是二。如明道言“若如或者别立一天,谓人不可以包天,则有方矣,是二本也”[8],“天人本无二,不必言合”[8],“道在己,不是与己各为一物,可跳身而入者也”[8],蕺山也说“天之所以与我者,甚美且富”,“人生具有仁义礼智之性,一似好家当”,“心无内外,其浑然不见内外处,即天理也”[4],“心无物累便是道,更于此外求道,妄也”[4],“以为别有苍苍之天,谆谆之命者,非也”[4],此皆强调性、理等自心而有,不可由外于心之天处言之,用康德的话讲,恰是道德法则内在的实践必然性,引出了独立原因或智慧的世界统治者的设定,但不能把道德法则视为派生于此纯然的意志[9]。况且,若真以超离的天道为创生实体,则会面临其如何与天地万物关联的问题,一旦谈及这种“接触”,就不可避免地与其超离的“纯精神本质”相冲突,这种力量根本丝毫不能借着“内在化”和“内心化”的手续而在理性中获得合法的地位,乃是一个“死结”[10]。退一步讲即便其所降之性可“内心化”于人,但唯人能彰之体之,物却不能,亦不符万物一体之旨。

观中国精神文化发展,人们从早先对天的仰赖,到后来“疑天”“怨天”,对外在至高之天的依赖性是逐渐减弱的,且即便是夏商时的天也并无现实客体之义,更多的是“象征的拟人观”的表现,华夏民族并不永存对外界不可知力量的依赖[5]。在儒家，虽有言及人之外的不可抗因素，但也仅指感触界自有主体无法左右的偶然情况，并未明示一定存在超绝力量，更不必言对此保有甚多依赖性，而是强调道德主体之大用。不难看出，人类精神仰赖是从向外在力量的膜拜逐步归于注重自身的，落根于人类理性本性。对于究竟有无外在实存之天，我们无法得知，即“六合之外，圣人存而不论”，但可以确定的是，只能讲超越的一元，二元只能在经验的、理论的层面谈[5]，于实践领域，创造实体唯有本心，方能言道德自律。性天之尊来自人心之尊，而人心之尊，则因着道德法则当身，是人的道德生命担负起天，反之则会倒转创生之序。无关本心道德的世界，只是一片荒野。道德形而上学作为真正的哲学，其本体不仅提供行事根据，同时还是宇宙生化之本，一切存在之本，必须包含着对未来世界文明的预构，唯有将心作为本体，凭其创具法则为人类提供实践依准，同时人类能在由心及其关涉的性、天、圆善等概念形成的道德完满体系中，结成伦理共同体，目的统一地走向全员永福的圆善世界，如此讲儒家哲学才显其真正哲学之维。

二、五峰、蕺山无心性分设之意

牟宗三认为，五峰、蕺山以《庸》《易》言天命性体为首出，复归《论》《孟》言本心仁体，就此开出“以心著性”义是必然的、恰当的[1]，但二人是否真有心性分设、本天命实体言性之意？恐怕非也。

五峰曰：“性定则心宰，心宰则物随。”[11]牟宗三将此解为“心定而形著性定，性定自示心之主宰之用”，认为心性关系应是“抽象地说与具体地说”“形式地说与真实化地说”“主观地说与客观地说”“性之‘在其自己’与‘对其自己’”之关系[1]，虽然他也承认“性虽贵，非心不彰”，但明显能看出他更偏重性的意义，心似乎只有形著了性才能因性而客观地成“宰物之用”。但我们前已言明性本就是心之起道德创生大用者，此语中“性定则心宰”正是顺此意而来，心之起道德创生大用之性是固有的，但因着自然层之种种扰乱，存在不能“定”性的情况，如孟子言“放心”，若能将之寻回并落实，即明之且尽之，则可言心之宰物之用。可见五峰此语并未言及分设心性，也并无强调心唯著性才能宰物之意，纯是就心固有道德创生性而言。牟宗三又认为提出“以心著性”之据在五峰此语：

天命之谓性。性，天下之大本也。尧、舜、禹、汤、文王、仲尼六君子先后相诏，必曰心，而不曰性，何也？曰：心也者，知天地宰万物以成性者也。六君子尽心者也，故能立天下之大本。[11]

这段文本是否真有此义？引“天命之谓性”，说性乃天下大本，但六君子皆言心不言性，因心是“知天地宰万物以成性者”，这分明是强调唯有心能“成性”，进而立天下大本。牟宗三认为五峰承横渠“成性”之义，解“成”为“形著地成”，但心能“成性”应是说在践仁进程中，不断扩充心的道德创生之力，“知天地宰万物”，“尽性”直至性圆满，此圆满貌谓之“成”，横渠此义是对孟子“尽心知性知天”的说明[5]，也可见其已明唯有关涉本心道德，才能使本体宇宙论之天落实[5]。若果真“成”是“形著地成”，莫非孔孟之本心仁体生发前早有一潜存性体，留待本心去形著？恐怕本心仁体之意义不至于此，六君子唯先尽心，方能言立天下大本，故心乃大同天下之实现关键，五峰也说“莫大于心”[11]，恐怕并无分设心性另言天命性体为本之意。

牟宗三认为蕺山学正是乘王学流弊而起，流弊之源是人病而非法病[12]，此言不错，但其将蕺山所言心性也解作分设心性，强调形著，则有可商榷之处。蕺山曰：“即心离心，总见此心之妙，而心之与性不可以分合言也。”[4]牟宗三认为前半句是说先分设心性以明心之形著之用，后半句是说心性最后总归是一，并指出这里的性是本“於穆不已”而言[12]，但蕺山此处的“即”与“离”实际上只是超越分解地说，不同于存有上的“分”与“合”。蕺山在《原心》中对心有深入考察，对思、虑、觉、识、想、念、意、志、欲、理、性、命、天皆有详明分析，揭明皆是心所出者而各有不同，其中性是心中“无过不及”之理，可见性是就心具理而言的，并无外于心而潜存之意[4]，且“以欲拒理，以情偶性，以性偶心”会使“方寸为之四裂”[4]，心性绝不可分立。在《原性》中更直言：“如谓心但一物而已，得性之理以贮之而后灵，则心之与性，断然不能为一物矣。”[4]明显蕺山是否定将心性分设的，若认为心原本只一物，因贮性后才灵，则无法再言心性一本，于是又发“不知径寸中，从何处贮得如许性理，如客子之投怀，而不终从吐弃乎”[4]之问，复引孟子明以心言性而论之，可见在蕺山这里，性本心之固存，非客子投怀也，“离心而观，上在何所？悬想而已”[4]。

《学言中》中，他又指出真正的“天命之体”应是心而非性，心“虚故生灵，灵生觉，觉有主，是曰意”，意为心之真主，乃“性道教所从出”[4]，“维天之命，於穆不已”也是言“心体之妙”，此妙是说心创生之性能“无一息之停”，作为“天枢”[4]，“不以生存，不以死亡”[4]，五峰也说“莫久于性”[11]，通康德言灵魂不死之意。可见在蕺山这里，论先验本体，必然创生天下者唯心而已，心的创生之力源于其中“意”之“知”，超越言之，即法则性的“理”，而就其有别于感触的自由性格、创生性能而言，可予一别名为“性”，凡言性之态“不已”“久”，实意味着道德自我“纯且不已”之妙，即作为本体的心创生动力不竭，创生活动不息。根源上讲，性只“心生之”，不存在心将外在天命性体收藏、彰著之事，“人未尝假贷于天”[4]。蕺山又以“钟鸣”说性：

钟虚则鸣，叩之以大则大鸣，叩之以小则小鸣，以为别有一物主所以鸣者，非也。盈天地间，道理不过如此。友人尝启予曰：“止为虚而能应之理，物物皆然，非钟所得而私也。”此可以明性体矣。[4]

这段将性之质说得十分生动。钟之所以鸣，并非别有一物而主之，只因钟之虚，此钟之固性，天地道理皆如是，性亦只是心之固然者，能成宰物之用唯因心之固性，不必言别有一天命性体令心去彰著才有此大用。

“以性求性，妄意有一物可指，终失面目。”“凡所云性，只是心之性，决不得心与性对。”[4]“性与心可分两事乎？予谓：‘水，心也，而清者其性也。’”[4]“外心言性，非徒病在性，并病在心。心与性两病，而吾道始为天下裂。”[4]这样的话蕺山说过许多，可见蕺山已一再强调心性是一，性不可离心而另有它源，何以牟宗三会认为蕺山有心性分设之意？恐怕这只是其个人之发挥。

综上所论，可见五峰、蕺山皆合道德形而上学之规，以本心为唯一的道德创生之体，性只是就心之固有道德创生性之能而言，是为方便且更能全本心之义而超越分解地言之，并无就存有而言心性分立之意，更何至于将性归于超离的天道？后人多将蕺山学标为“性学”，更有认其为“性本论”者，但其实蕺山论性亦根于孟子以心言性，而更重于将道德本体之不同意义论明，故有此超越分解之举，不必将其所分不同意义认作不同实体。实在说来，阳明、象山与五峰、蕺山两系在系统核心上，皆依孔子传统以本心仁体为道德大业唯一根柢，实可归于一系。

三、性为纲纪之主难解心学流弊

蕺山指出心学流弊表现为“猖狂者参之以情识，而一是皆良；超洁者荡之以玄虚，而夷良于贼”，牟宗三认为此是显教之故而有此病，需归显于密，将良知归于“意根最微”，再将心体归于性体，认为这一步可以形著手段使客观面之性体主观化、具体化，主观面之心体客观化、超越化，即可获得“客观之贞定”而不走偏，杜绝心学流弊[12]。但我们前面已论明蕺山并无离心而另立性体之意，牟宗三是借蕺山抒己见，认为挺立所谓客观面的性体可补主观面因缺乏客观持护而走偏的错漏，但是否真有此效？

心学流弊其一“参之以情识”，是因凡人皆有感触身份而受到种种影响，浑噩于感性，无法对道德法则有清晰认知，即道德主体自身灵台不明，甚至委于现实不得不参以情识附和道德之谈，导致本心愈加浑噩，这是主体处的病症，何以挺立外在性体就能解决问题？况且已论明性并不能提供所谓的客观面之根据；流弊其二“荡之以玄虚”，是将心体良知不可掺混杂质之路走到极端，大谈“无”，过分高举，专言圆神之体而不切实，同样是道德主体自身的问题，何以分设出天道性体就能有所改善？恐怕更加虚玄。

究其实，流弊既然表现为人无法对本心天理有所感，无法做切实的道德之事，则病因当是主体对自身包括道德的超越根据、践履方式及终极目的在内的道德大业整体认知不清，正如杨泽波所言，流弊是由于对“仁性”无知，没有真正的理论层面的理解[13]，而非因心缺乏客观性（前已说明心本具客观性，且性天本无客观性，其客观性亦由心处获得），故牟宗三通过另彰心外性天之尊无法解决问题。外存客观纲纪之主与内在主观形著之主的设定，只能是形式上的所谓圆满。

四、杜绝心学流弊可行之法

至于如何才能真正解决心学流弊，杨泽波提出大力发展“智性”之“内识”，此法是否可行？

杨泽波所言“智性”是指通过学习和认知而成就道德的性向[14]，对与道德相关的外部对象及仁性自身进行再认识，而对仁性的再认识称为“内识”，简单说就是对仁性的来源、特性、作用等的再认识[13]。他认为只要发展智性，启动内识，就可以破除迷雾，脱离盲目状态，解决心学流弊。可惜他对仁性的来源已然认识有误，导致其下一步提出的解决心学流弊之法也出现问题。他认为由现实社会影响而形成的仁性并非永远可信，一旦发现流于保守，落后于时代，就应借智性来评判仁性提供的答案是否可行，对人类发展有无好的实际效果[15]，只要智性判为正确的，就自觉去行，只要智性判为错误的，就自觉去止[16]。但依康德，普遍法则由人类心灵本性而来，“善与恶的概念必须不是先行于道德法则，而是仅仅在道德法则之后并由道德法则来规定”[6]，依此自可断然（而非依利益）判定何为对错、善与不善，又何须二次评判？更何况，若以是否与时代相符合、是否有好的实际效果作为再评判之准，岂非将现实社会状态、规范、实效作为践履依准？如此达到的效果充其量只是似“仁”而非“仁”，因以事迹经验论之而不以道德法则衡之则不能达到真正论“仁”的高度。道德上的不善也能表现为经验上的善，但只是伪善，此依准只是他律道德的讲法，基于他律而言的只是一种聪明，但“自爱的准则（聪明）只是建议，道德的法则却是命令”[6]，基于“由仁义行”，我们不得不为之且唯由此才能在内心升起责任感。他以孔子拒绝宰我将三年之丧改为一年的建议而说孔子“保守”，言仁性有时会落后于时代现实而给出错误指示，故需要智性的二次评判，但须知道德之事本就无关现实中究竟可行与否。另外若是说仁性被遮蔽而给出错误指示，则此指示之正确与否不能牵连仁性，人之病无关仁性本身。

事实上，本心自身已有对道德相关事物及自身的认识，可依法则直下给出正确判断，原则上来说，既知天理则必有真见，既有真见则行必正，就此特性而言，则仁性本身即有智性，二者亦一。当然，若是将此特性分解地抽开言之也无不可，但将之与仁性断然认作两派[17]，恐怕太过。可以说，杨泽波其实看对了病根，确是对道德本心认知不清才导致流弊，开药方的大方向也无误，但因囿于心理学、生物学的经验立场而游离于道德形而上学之外，故看错仁性来源，开出的具体药方出现问题，寄希望于智性的二次评判存着以现实性、可行性为准的意味。

卢雪崑则提出阳明之不足在于太重"心"，而对于"性""天"之充至及独立意义未作详明阐发，后学对"人能弘道"含着的圆善理想未能关注[18]，加之蕺山已指出心学流弊表现为"参之以情识""荡之以玄虚"，可以明确地说，心学流弊的真正解决，应从启蒙主体理性而使人明乎道德的"根"与"极"处着手。基于此，我们可以得到几点可行之法。

首先要内抉道德之"根"——明确以本心法则为准。在体上做好工夫，是道德的起脚处，前已论明本心乃道德创生根本，故由心出发，蕺山所云"诚意"即真正的本体工夫，用康德的话讲就是始终保持纯粹意志之道德法则作为格准之根据，即时刻保住抉意之自由而不放失，就是确立遵循道德法则的存心[5]。儒家传统言"仁者人也"，意味着本心仁体乃标志着人之为人的超越性原则（确切地说，标志着人之为道德意义而非经验意义的人），且作为理性领域唯一可被确知到的实体、道德形而上学体系之拱心石，心实为道德意义上的法则性实存，依其所立的天理为人提供判断依准，指明路向。蕺山就明确指出"念"有"真妄""起灭""善恶"[4]，只是经验意念，而"意"无善恶，"但好善恶恶"[4]，他将经验要素剥除而标举"意"为心所以能"指子午"之"定盘针"[4]，来表本体（"心""独体"）之质，即言"心之本在意"[4]。须知好善恶恶之前提是知善知恶，有可判定何为善恶之依据方能知善知恶，而"意"作为"心"的意欲机能之所以可判定善恶，是因"知藏于意"，这最初之机——"知"正是其中能立法者，"心""意"据此才是主宰，心灵之全幅意蕴方显。他又将"省察"与"存养"同归于"诚意"上说[19]，存养以使持有天理之心体时时纯粹灵明（"诚"），省察即动作时发挥心体鉴别善恶之力。可见他将"意"作为主司道德事业之大关键的理论，正合儒家传统所含本心乃超越的法则性实存而能衡定践履方向、主宰道德事业之意。总之，其所谓"意"即心乃法则性实存，此非一无主之觉，自依法则为道德事业定向，明乎此，即见克制流弊之首要着手处非心不可，当将经验之万念归于心体纯粹意志之天理的统一下而达至协调，勤加拂拭不惹感性尘埃，时时保持抉意之自由只依法则行事，方得贞定而不至"情识而肆"，此即"独之外别无本体，慎独之外别无工夫"[4]，在本体处行工夫也就是"尽心"。

而本心法则本身说来十分简易，作为最高的普遍法则，并无具体内容而是一种形式、方向，用康德的话讲就是"要这样行动，使得你的意志的准则在任何时候都能同时被视为一种普遍的立法的原则”[6]，即孔子所言“己欲立而立人，己欲达而达人”。其实人应可直接意识到此法则，它最先呈现给我们，且胜过、不依于任何感性条件，也由此方显人之自由[6]，故只需遵照即可，何必执炬索照？即便罪大恶极之人，内心亦对此法则有感，言不能者恐怕只是因其他因素而左右，愿居下流，在行事时将本该是最高格准的道德法则让位于其他条则。

其次要外显道德，即不离日用人伦。经由本心法则而成的道德自由秩序需进到现实与经验的自然秩序相合，牟宗三也讲“随波逐流”，道德不仅显为定然命令，在现实中还需具体真实的表现[2]。因若“荡之以玄虚”，只侈谈本体、境界之高明而忽略显透于实践，只能是道德的狂热，须知形而上者亦必不离形而下者之彰表流行，整部《论语》即孔子于“下学”处随行指点以示“仁”，非此不能直接使人晓明与震动故也，且由此亦可使“仁”得到群体共养，即“游于艺”而无有间隙，动息有养。这具体真实的表现有一衡断标准就是“礼”，“礼”乃法则之外显，张载即言“知理则能制礼”[20]。《韵会》有：“孟子言礼之实节文斯二者，盖因人心之仁义而为之品秩，使各得其叙之谓礼。”人心法则为本，显为有度有序的品节文章，以作言行之准绳规范。尽管表面看似守“礼”并非一定意味着有道德存心，但不知、守“礼”则很大程度上意味着没有道德存心，我们固是期望人人能内发而守“礼”的，而这能知“礼”且守“礼”的人，或言之，能将法则外现于实践的人，我们常称之为模范，须知此时我们并非将此人或此行为作为我们的学习对象，诚如康德所言：“如果我在他身上察觉到我在自己本人身上没有意识到的某种程度的品格正直的话，我的精神鞠躬……”[6]能够唤起我们精神之敬重的乃是其行为所透显出的道德法则，这法则需要如此直观化、具象化的实例，方能对我们内心有最直接的催动之效。于是，道德法则通过一个又一个日用人伦中的实例，影响着每个个体，使之内心震动，进而在具体生活中敦促自身行为不断贴近道德法则以期与之契合，此即道德法则借日用之道德实例起到了“举直错诸枉，能使枉者直”之效。同时，若每个个体皆能“克己复礼”，在践行中克绝自身感触性、动物性，而合于礼、合于道德，使自身之德性“纯”于感触性、动物性而得到进步，即在实践中不断充尽至“成性”，则道德法则、“仁”将由此在整个群体中被重新唤醒、迎来，进而得到通传，最后获得整个族群的共同存养，当然亦意味着此“性”之承续存养将不仅限于一人，且不限于此生，达至“不朽”，故蕺山有“尧舜其心至今在”之语。

将法则外显于日用人伦中合“礼”的具体行为，也不单是为了激荡个体之精神，反过来又获得自身之永续不朽，更是为了再进一步创成自由秩序与自然秩序结合以致全体永福的圆善世界之终极目的，即康德所言：“至善在实践上惟有预设灵魂的不死（“性”不朽）才是可能的”[6]。人类“无限进步”至永福，必须以全体理性、道德性实存的“无限绵延”为前提，也就是需法则显于日用而使“性”得养。许慎在《说文解字》中释“礼”为：“履也。所以事神致福也。”[21]也表明“礼”不仅有如“履”对“足”而言的依据之义而对人在社会中的实践有规范之用，更深一层意味着人们在合“礼”中“事神致福”，可见人类的具体实践确含着向“神”（“天”）的敬事与对“福”的终极祈愿。①这正与我们所要指出的最后一点相合——全体关注实现圆善世界的终极目的。

欲克心学流弊须最终上达道德之“极成”，即需要全体关注实现圆善世界的终极目的。人类若缺少一个先天善的共同目的，难免浑噩“情识而肆”、人各有心互为障碍，自然中的任何活动若不关切于一个终极目的则不够圆满究竟，沦为无用功。正是圆善的终极目的令人类免于走失方向的厄运，互为障碍之困亦可得解。须知此终极目的乃由理性先天给予，着眼于族类全体的理想，指示“应当做什么”[9]，人作为道德世界的创造者，应如何在宇宙中置定自己，如何置定自己与道德世界之元首的关系[5]？这关涉到人创造一个自身亦为一员处于其中的合自然与自由的道德世界，并在此践履征程中“知天”“事天”。

依卢雪崑，蕺山已指出“道德”与“幸福”②两个不同成素之结合在人的践仁弘道进程中实现[5]。有理性者须在自然世界中通过实践理性的指导，按自由法则共同创造大同社会，这是人类善的终极目的。道德与幸福在此是必然趋一的，因幸福并非个人的修行圆满，也非经验的物质满足，而指向每一员皆安定自由的道德统一体的达成，即康德所言的伦理共同体、儒家的“天地万物为一体”，可以说是在实现“德”的过程中得“福”；关于在践履进程中，必要的“天”之设定，杨泽波认为卢雪崑这里混淆了作为道德形上根据的天与作为圆善信念保障的天，而儒家主流并不以天作为人能得福的保障[22]，我们须知，儒家确不以天作为实现圆善之终极保障，卢雪崑也并无此意。人类有对圆善之可能性条件的需要，依康德，唯有假定一个自然的至

① 虽然这里的“事神致福”本带着原始信仰的色彩，是说早期古人与鬼神进行“沟通”，按一定时序与程序合“礼”祭祀来满足神，以获赐福，但我们仍可暂借之以言儒家道德形而上学中对天的敬事与对永福的希望，因儒家的这种人在自身依天理而行中伴随的与自身所拟设之道德元首之间的精神交际，恰与原始的宗教性祭祀敬神之沟通相似，而这种精神交际对永福的最终获得也同样具有不可或缺之意义，尽管并不似早期信仰中那般作为获福的唯一的绝对保障。可以说，整个践仁弘道的过程，便类似于早期古人对天、神的祭祀：依道德法则行事类于合“礼”而祭，对就法则神圣性而言的天的敬事类于“事神”，祈愿人类共同获福社会安定类于“致福”，人间便是这样的道德祭场，只不过它即在我们心中，我们对其不谈邀恩，只谈信奉。这些也必在人类无限的道德生命中得到确证。

② 依卢雪崑，“幸福”并非经验意义的幸福，而是指最终实现“平天下”与道德者自身的整全目的愿望及其意志的决定根据相一致。参见卢雪崑：《孔子哲学传统：理性文明与基础哲学》，台北里仁书局2014年版，第557—558页。

上者，且假定其与道德法则相合而成一理性的理想，才使自然与自由和谐一致，德性与幸福相称，圆善才有可能。要注意的是，这里假定的至上者非人格神，仅是基于理性实践使用而作的预设理念，我们将依理性而望万物归于共同目的下生存这件事认作是天的预先拟定，它就此目的论为人类提供指导和心理上的满足、信心，在此意义上言“信天”只是道德上的需要[5]，并非将天作为类似人格神的客观实存，信其为使人得福的终极保障。我们不可否认，人因着现实中不可避免受到感性生命之限制而有软弱性，正需一位“视之为真”的道德原型在良心法庭督导一切以佐道德事业，且不可以外在经验之物或超绝的未决定力量作为监察者，本心恰是最好的且唯一的选择，人将超自身感触的神性高举为至上者，在心中“对越在天”，在此可言“知天”“事天”。此即前文所言在日用中合“礼”实践以“事神”，我们对本心所具之神圣绝对的法则默而识之，唤起谦卑与敬重，认其为神之诫命，默而事之，虔心遵令于现世，企盼全员永福的圆善世界的到来。杨泽波实也看到了抬高天之地位的作用，即劝导人不要肆意妄为[14]。故可言，真正能起大用者仍是道德主体自身，天在此并非实现圆善的绝对保障，而是有心理效用辅助，于人类道德大业中的积极意义不可忽视，我们必须依理性作出此目的论判断才能确保自然与自由趋向结合。但切记此是必然的天之“设定”的积极意义，并不意味着“天”本身是必然的，若是误解此理念而将其当作实在物，则无法避免落入运用时使之成为超离概念的窠臼。

通过以上缕析，我们可得到一条清晰的践仁之路：内抉自身法则以“尽心”“存心”→外显日用人伦以“知性”“养性”→关注实现圆善且“知天”“事天”，方明康德此言非虚：“如果承认道德法则作为命令严谨地约束着每一个人，正直的人就完全可以说：我愿意有一个上帝…… 还有我的持存要是无限的……”[6]欲使人类走向确保道德与永福的圆满社会，必得人人自本心抉发动力之实据，同时又须在具体的生活实践中合“礼”以共同存养保性、共“事之”复其神圣性以佐践仁弘道，于此种群体活动中“致福”，这样心学之弊也就迎刃而解。

综言之，论超越本体，本心乃唯一创生实体，而就内在、呈现，又有心、性、天分解立义的需要，明乎“性”“天”在“尽心”进程中如何充至及其独特意义，识清道德之“根”在本心法则、“极”在实现圆善，知晓人类唯于此同心勠力才能使全人类文明生命获得可希望的福祉与圆满，至此，对盛德大业方有整全的把握，不致“情识而肆”“虚玄而荡”。心学流弊之根是彼时人之病，然今世之人理性不明，意乱神迷，为恶相侵，何尝无此病？人类欲得发展，须对自身理性不断启蒙，任何外在的、无法确知的力量对此都无实效，故牟宗三“以心著性”由上而下的讲法究竟不合纯粹理性之旨，唯其依“践仁知天”“尽心知性知天”、由下而上的讲法，确合道德形而上学进路。辨明至此，才能对“心”“性”乃至“天”达到契合人类理性之本性的认识。

参考文献

[1] 牟宗三.心体与性体:中册[M].长春:吉林出版集团有限责任公司,2013.

[2] 牟宗三.心体与性体:上册[M].长春:吉林出版集团有限责任公司,2013.

[3] 朱熹.朱子全书:第14册[M].上海:上海古籍出版社,2002.

[4] 刘宗周.刘宗周全集:第3册[M].杭州:浙江古籍出版社,2012.

[5] 卢雪崑.孔子哲学传统:理性文明与基础哲学[M].台北:里仁书局,2014.

[6] 康德.康德著作全集:第5卷[M].北京:中国人民大学出版社,2010.

[7] 康德.康德著作全集:第4卷[M].北京:中国人民大学出版社,2010.

[8] 程颢,程颐.二程集[M].北京:中华书局,1981.

[9] 康德.康德著作全集:第3卷[M].北京:中国人民大学出版社,2010.

[10] 卢雪崑.论“transzendental”一词在康德哲学里重新获得上升的维度和哲学概念的明晰性[J].新亚学报,2015(5):209-230.

[11] 胡宏.胡宏集[M].北京:中华书局,1987.

[12] 牟宗三.从陆象山到刘蕺山[M].长春:吉林出版集团有限责任公司,2010.

[13] 杨泽波.内识:杜绝心学流弊的根本之法[J].社会科学研究,2019(5):151-155.

[14] 杨泽波.牟宗三三系论论衡[M].上海:复旦大学出版社,2006.

[15] 杨泽波.牟宗三形著论商榷[J].社会科学,2014(7):103-110.

[16] 杨泽波.儒家生生伦理学引论[M].北京:商务印书馆,2020.

[17] 杨泽波.再议“旁出”:对卢雪崑教授批评的回应[J].复旦学报(社会科学版),2023(1):54-66.

[18] 卢雪崑.牟宗三哲学:二十一世纪启蒙哲学之先河[M].台北:万卷楼图书股份有限公司,2021.

[19] 刘宗周.刘宗周全集:第6册[M].杭州:浙江古籍出版社,2007.

[20] 张载.张载集[M].北京:中华书局,1978.

[21] 许慎.说文解字注[M].段玉裁,注.上海:上海古籍出版社,1981.

[22] 杨泽波.再议“圆善”:对卢雪崑教授批评的回应[J].哲学分析,2023(5):3-22+196.

谭峭《化书》的生命哲学建构

林 娜*

《化书》作者谭峭为唐末五代人，据记载，谭峭酷爱黄老书，曾师于嵩山道士习辟谷养气之术；后又居于南岳，成炼丹之术；最后隐于青城山。彼时社会动荡，文化僵化，思想禁锢，政治严苛，人民衣食不足。在上位者骄奢淫逸，施行暴政，社会上流阶层又对民众进行无尽的榨取，而这最直接的表现就是对于生命的破坏。谭峭在游历期间，真切感受到百姓疾苦。鉴于此，他融合儒、墨、释等思想，吸收和深化道教形神、丹道等理论，以“化化不间”为理论根基，构建起一套道教生命哲学体系，著《化书》以批判当时社会现状及纠正人们的错误认知，重新彰显生命的存在价值与意义。

一、生命路径的呈现

《化书》的生命哲学体系主要围绕“化”而展开，“化”包含“委”和“用”两种不同的路向和运动形式。《化书》言：“道之委也，虚化神，神化气，气化形，形生而万物所以塞也。道之用也，形化气，气化神，神化虚，虚明而万物所以通也。”[①]“化化不间，由环之无穷。”[②]所谓“委”，即由道至虚，由虚至神，由神至气，再由气至形的顺向运动；“用”则是由形返气，由气返神，由神返虚，再复归于道的逆向运动。“委”与“用”之间并不是断开的，而是一个犹如“环”一样的“化化不间”的过程。在“化”的过程中，不仅“性情”之物之间可以相互转化，无“性情”之物之间、有“性情”之物与无“性情”之物之间亦可相互转化。如“蛇化为龟，雀化为蛤”[③]，“老枫

---

*作者简介：林娜（1995—），女，黑龙江伊春人，湘潭大学哲学与历史文化学院（碧泉书院）2020级博士研究生，研究方向为道家、道教哲学研究。

①谭峭：《化书》[M]，中华书局2010年版，第1页。

②谭峭：《化书》[M]，中华书局2010年版，第13页。

③谭峭：《化书》[M]，中华书局2010年版，第2页。

化为羽人，朽麦化为蝴蝶，自无情而之有情也。贤女化为贞石，山蚯化为百合，自有情而之无情也”[①]。它们之所以可以相互转化，正在于“虚含虚，神含神，气含气，明含明，物含物”[②]所呈现出的“万物一体”的生命形式。同时谭峭认为“太虚，一虚也。太神，一神也。太气，一气也。太形，一形也。命之则四，根之则一”[③]。从现象层面看，由虚到形需要不同的阶段；而从本体角度来看，则只是一个“一”。

谭峭指出万物都要经过“委”和“用”两个阶段，即“顺化”与“逆化”。道的顺化过程是从“虚”到“形”，即“生”的过程。“形”一旦形成，就会滞于其“形”中，这就是“实”。相对于“虚”的无定形来说，“实”之形是短暂的，是会坏灭的，即为“死”。其言：“虚化神，神化气，气化血，血化形，形化婴，婴化童，童化少，少化壮，壮化老，老化死。死复化为虚，虚复化为神，神复化为气，气复化为万物。”[④]因此，从道教的角度，以“道”看生死，生死并非现象之生死。“死”其实是“生”的不断延续。《列子·天瑞》中有：“死之与生，一往一反。故死于是者，安知不生于彼？故吾知其不相若矣？吾又安知营营而求生非惑乎？亦又安知吾今之死不愈昔之生乎？”[⑤]《太平经》中亦言：“生者，其本也。死者，其伪也。”[⑥]“死”并不是生命的终结，“生”与“死”在整个“化”的过程中循环往复。但人们往往认识不到这一点，一味执着于“求生”，对死亡有着厌恶和恐惧之情，因此而产生“惑”。如果能够真正意识到生死皆在大化之中，便会少了很多的困惑。但对于修道者而言，这只是最基础的，其最终目的是达到“不化”，即通过修炼复归于虚，达到与道融为一体的“仙”的境界。

万物之“化”虽是一个必然的过程，但是万事万物又都不是既定的，而是在这个“过程”中不断发现与发展自身。人与万物的形与性有所不同，万物的生存更倾向于其自然性，“人”则更倾向于在“形”的基础上，展开多样的创造性。也正因这种有“形”的存在，才使“人”出现了“塞”。所以“形无妨而人自妨之，物无滞而人自滞之”[⑦]。“非宫室之幻惑也，而人自惑之，非回流之改变也，而人自变之。”[⑧]从此可以看出，《化书》所强调的“人”之“塞”并非由“形”所塞，而是被“自”所塞。“人”在《化书》

① 谭峭：《化书》[M]，中华书局2010年版，第2页。
② 谭峭：《化书》[M]，中华书局2010年版，第28页。
③ 谭峭：《化书》[M]，中华书局2010年版，第10页。
④ 谭峭：《化书》[M]，中华书局2010年版，第13页。
⑤ 杨伯峻：《列子集释》[M]，中华书局2012年版，第24页。
⑥ 王明：《太平经合校》[M]，中华书局1960年版，第53页。
⑦ 谭峭：《化书》[M]，中华书局2010年版，第2页。
⑧ 谭峭：《化书》[M]，中华书局2010年版，第3页。

当中为“万物”之一种存在。而“自”则带有强烈主体性的内在之“我”。这从“自”的字源角度来看更加清晰。“自”指“鼻子”,所呈现的是一种与他人他物相隔离的自我指向。“人”由“气”化为人形,而“神”寓于“人形”之中,便会被由“气”所化之“形”所阻塞,不能完全呈现“神”的作用。这种无法完全呈现的“塞”的状态便形成了偏向于自我的行为和心理,这也是妨、滞、惑、变的原因。《化书》指出,不论是形还是物,都是一种对象性的存在。“人”之所以会产生种种问题,皆是由于“自”不识万物之化的道理而自陷于对万物的追求当中,从而出现为满足自我欲望而破坏自我与他人生命的情况。

因此,《化书》多次强调,形与神相比,神更重要。“人”作为万形中的一种,总会出现“自妨”“自滞”“自惑”等情况,皆是因为“我”。《化书》认为形只是作为承载“我”的载体,真正能驱使“我”回归本真的则是神,“是故载我者身,用我者神,用神合真,可以长存”[①]。世人不达这个道理,故而“我为形所昧,形为我所爱”[②]。“爱”可从两个角度理解,一是喜爱。“我”喜爱“我”的形体,所以“我”才会被它迷惑;二是将“爱”理解成遮蔽之意。即“我”的形体只是万形中的一种,只是起到承载“我”的作用,但“我”却将这个形体看得过重,从而使形体失去了它本来的意义。不论取哪种含义,其实都在肯定“我”之于形有着天然的好感。也正因这种好感,使我忽视了神的重要性,故“以形用神则亡,以神用形则康”[③]。但仅意识到应该以神用形还只是基础,其后应该通过一系列的修养功夫以真正达到以神用形,即由形反气,由气反神,由神反虚,由虚合道的过程。

二、生命修养的展开

“由形反气,由气反神,由神反虚”是谭峭在“反(返)”的理论基础上展开的逆向修养道路。但是如果只言“道路”则会落于玄空当中,即使得修炼者没有着落点。因此谭峭在构建其修养理论时,将儒家的“五常(道德)”思想与“自然”相结合。即在“自然”的视域下消解“人”对“五常(道德)”产生的限制与异化。谭峭在肯定“五常”作用的同时也指出了“五常”所产生的问题。而这些问题产生的根源正在于非自然之“圣人”和“君子”的出现。当“圣人”出现在五常之中时,五常就从一种“自然行为”变成一种“人的行为”。从道家的角度,万物及人的本性是天然的,仁义礼智

---

① 谭峭:《化书》[M],中华书局2010年版,第12页。
② 谭峭:《化书》[M],中华书局2010年版,第14页。
③ 谭峭:《化书》[M],中华书局2010年版,第19页。

等诸种品行都寓于自然当中,然而圣人或君子却教导人破坏五常之事。除了“圣人”和“君子”之外,“我”也是破坏自然行为的构成者之一。“我”主要是为了满足自我的需要。如:从人的角度,制造网罟、发明火食是人类文明的体现。但从动物的角度来看,捕获飞鸟鱼兽,便是破坏它们的家庭,夺取它们的亲人,这是不仁不义之举;以捕鸟猎兽为乐,这不是礼的做法;捕杀禽兽难免使人趋于残暴,这不是智慧的表现;使万物惧怕人类,这更不是信的体现。由此可见《化书》对于“人”和人所构建的属人文明的批判。

他认为仁、义、礼、智、信作为由自然之“德”所衍化出的一系列行为,并不能用“分”的眼光来看待,而应将其通而为“一”,即仁、义、礼、智、信之间是不分彼此且相济相伐的关系。《化书·五行》言:

道德者,天地也。五常者,五行也。仁,发生之谓也,故均于木。义,救难之谓也,故均于金。礼,明白之谓也,故均于火。智,变通之谓也,故均于水。信,悫然之谓也,故均于土。仁不足则义济之,金伐木也。义不足则礼济之,火伐金也。礼不足则智济之,水伐火也。智不足则信济之,土伐水也。始则五常相济之业,终则五常相伐之道,斯大化之往也。[①]

《化书》在论述五常的“济伐”关系时,将其与“五行”相比附:仁为木,义为金,礼为火,智为水,信为土。并用之以五行相生相克的理论,使彼此相分但相合,相伐却又相济,以此构成一个和谐的整体。这些均是在道的虚无和德的清静的基础上进行论述的。

《化书》将“道德”寓于“自然”之中,从而使仁义礼智等行为成为“道”之中的必然之事。其言:“旷然无为之谓道,道能自守之谓德,德生万物之谓仁,仁救安危之谓义,义有去就之谓礼,礼有变通之谓智,智有诚实之谓信,通而用之之谓圣。”[②]仁、义、礼、智、信之名是随着不同的境遇和条件而发生的变化,名虽不同而实相同。因此,《化书》认为,真正的圣人是以“旷然无为”的视角将它们“通而为一”。其最终落脚点在于“一”,这也正是道家、道教与儒家的不同之处。道家与道教是在“一”的视野下肯定万物之间的不同,消解“我”对世间所产生的割裂,从而复归于“一”。儒家则是在确认世间万物包括等级不同的基础上,建构一个“一”的世界。且道家和道教所关注的是包括人和禽兽在内的整个世界的生存状态,而儒家则更强调人自身所构建的秩序。基于此,笔者归纳了《化书》中的六种重要的修炼工夫,即体、静、忘、藏、志、诚。此六者没有次第区分,彼此相间不离,失掉其中任何一个,都无法达

---

① 谭峭:《化书》[M],中华书局2010年版,第42页。

② 谭峭:《化书》[M],中华书局2010年版,第41页。

到复归于虚、与道大通的自然境界。

其一为“体”。“我”存在于世间之中，时刻与种种“形”相接触，因此，对于道的认识，最直接的方式就是“体”万物，《化书》言“是以大人体物知身，体身知神，体神知真”[①]，“体”具有主体参与到客体中而与之发生交感的意涵。“我”将自己置于万物之中，反观自身，由此内观自我精神，进而识得本真，即合于物、合于身、合于神、合于真。因此，《化书》认为，道寓于万物之中，若是想究其道，便要“体”万物。其二为“静”。“我”在“体”的过程中，将自身置于对象之中，故而需要“静”的工夫。正所谓“唯清静者，物不能欺”[②]。只有静才能真正使彼此进行交感。其三为“忘”。实现清静的具体方式在于“忘”，其言“其道也，在忘其形而求其情”[③]。只有忘记世间所呈现出的种种现象，追求真正的性情，才能够归于大道。因此古代的圣人能够穷达“通塞”的开端，知晓万物造化的本源，就在于“忘形以养气，忘气以养神，忘神以养虚”[④]。其四为“藏”。“藏”是藏其精、蓄其气不使精神外驰。如同善于蛰藏的小动物一般，藏其精气不外泄，可以御寒，可以耐饥。又如涧松藏正气而能御凌霜，美玉蕴至精之气而不怕火烧。因此“君子藏正气者，可以远鬼神，伏奸佞；蓄至精者，可以福生灵，保富寿”[⑤]。其五为“志”。谭峭认为，“欲”可以改变人的气质及周围环境。“心之所欲，气之所属，无所不育。”[⑥]凡心中有所想，元气就会聚集且逐渐孕育，从而产生变化。因此“志于乐者犹忘饥，志于忧者犹忘痛，志于虚无者，可以忘生死”[⑦]。其六为“诚”。不论是出于对生命的关切，还是生命的信仰，都需要以“诚”作为情感基础。谭峭在阐发道教外丹之术时认为：“术有火炼铅丹以代谷食者，其必然也。然岁丰则能饱，岁俭则能饥，是非丹之恩，盖由人之诚也。则是我本不饥而自饥之，丹本不饱而自饱之。饥者大妄，饱者大幻，盖不齐其道也。故人能一有无，一死生，一情性，一内外，则可以蜕五行，脱三光，何患乎一日百食，何虑乎百日一食。”[⑧]用铅丹御饥是可以的，但是在歉收的年成里，铅丹却不能起到御饥的作用。此处“铅丹”可以理解为宗教信仰。在丰收时，人们可以吃饱，故不会在意是否能够吃饱，此时信仰者对于信仰

① 谭峭：《化书》[M]，中华书局2010年版，第5页。
② 谭峭：《化书》[M]，中华书局2010年版，第3页。
③ 谭峭：《化书》[M]，中华书局2010年版，第29页。
④ 谭峭：《化书》[M]，中华书局2010年版，第1页。
⑤ 谭峭：《化书》[M]，中华书局2010年版，第25页。
⑥ 谭峭：《化书》[M]，中华书局2010年版，第23页。
⑦ 谭峭：《化书》[M]，中华书局2010年版，第20页。
⑧ 谭峭：《化书》[M]，中华书局2010年版，第4页。

是有诚意的。但是在朝不保夕的情况下，人们对宗教信仰的诚意就会降低甚至消失。对于普通人来说，信仰一定是在能够保证生理需求的基础上建立起来的。与此同时，谭峭也希望人们能够通过种种方式的修炼，达到“一有无，一生死，一情性，一内外”[①]的境界，但这种境界的提出多少带有一些对当时社会环境的无奈之感。

三、生命境界的建构

《化书》不仅包含着极强的批判思想，还蕴含着丰富的建构性资源。它一方面批判人类文明对于自然存在所产生的破坏，另一方面又充满无限的温情来治疗人类赖以生存的世界。该书在吸收道家、道教及诸家思想的基础上，建构了一套完整且丰富的生命体系。其言：

虚化神，神化气，气化血，血化形，形化婴，婴化童，童化少，少化壮，壮化老，老化死。死复化为虚，虚复化为神，神复化为气，气复化为物。化化不间，由环之无穷。夫万物非欲生，不得不生；万物非欲死，不得不死。达此理者，虚而乳之，神可以不化，形可以不生。[②]

整个世界处于“化化”之中。所谓的“化化”，正是在强调：整个世界不论是在横向上还是在纵向上，都处于不断创造、不断变化着的活泼的运动状态，它将给予人一种强大的生存力量。所以《化书》“主要是运用道教哲学思想和儒家伦理观念，以类推比附的手法，从事物的变化中阐述修道成仙的思想，探求社会治乱的因由，指出实现太平之世的道路”[③]。而在整个哲学理论的建构中，《化书》仍然是对人的生命的关注。从“本源”的视角出发，将人与万物全部统摄在“道”之内，以期构建一个由“通”至“同”的和谐生存环境。

（一）“大同”之境。《化书·大同》言：“虚含虚，神含神，气含气，明含明，物含物。达此理者，情可以通，形可以同。同于火者化为火，同于水者化为水。同于日月者化为日月，同于金石者化为金石。唯大人无所不同，无所不化，足可以与虚皇并驾。”[④]从根本处来看，彼此相含，并没有不同。即使是各自为形的物，也都是相含的关系。所以“达此理者，情可以通，形可以同”。“通”是无塞的状态，世间性情都是相

① 谭峭：《化书》[M]，中华书局2010年版，第4页。
② 谭峭：《化书》[M]，中华书局2010年版，第13页。
③ 卿希泰、唐大潮：《道教史》[M]，江苏人民出版社2006年版，第367页。
④ 谭峭：《化书》[M]，中华书局2010年版，第28页。

通的，形体上也就没有了区别，真正与万物融为一体。当然，前提是一定要先达到内心“虚无”的境界。如果心中为“有”，那就意味着还有分别，并没有将虚、神、气、形贯通起来。

此处所言之“同”即是无所不同之意。《化书》认为，虚、神、气、明、物之间都是相含关系。从万物至最初，虚为一虚，神为一神，气为一气，由此得出物为一物。这并不意味着《化书》完全泯掉了物与物之间的不同，因为它是在最根本处强调万物为一，并未否定其存在的差异性。故“达此理者”，即通达这个道理的“人”，就能达到通情、同形，也就是不以分别、分判的视角来看待万物，即是所谓“大心”的状态。只有“无所不同”才能与万物同。故而所谓的“大同”，并不能单从社会的理想状态来看待，除此之外，它还是一种方式与方法，是达到理想状态的“术”。通过对于“同”的理解，以达到最终理想的生命境界。

（二）“太和”之境。“太和”是易学系统中非常重要的概念。《化书》将其援引进来，并加以内涵上的改造，表示一种无亲无疏、无爱无恶的状态。其言：“非兔狡，猎狡也；非民诈，吏诈也。慎勿怨盗贼，盗贼惟我召；慎勿怨叛乱，叛乱禀我教。不有和睦，焉得仇雠；不有赏劝，焉得斗争。是以大人无亲无疏，无爱无恶，是谓太和。”[①]在这里，《化书》从“内圣外王”的角度分析了人民不和的情况。其中最重要的原因就在于“我”及“君主”。君主诱使人们出现伪诈、盗贼的情况。这种表达承自《老子》所言的“不尚贤，使民不争；不贵难得之货，使民不为盗；不现可欲，使民心不乱。是以圣人之治，虚其心，实其腹，弱其志，强其骨。常使民无知无欲，使夫智者不敢为也。为无为，则无不治”[②]。《老子》希望统治者以“损减”的方式来治理百姓。任何一个似乎正面的提倡，背后都有相反的一面跟随着。以此，《化书》认为，没有赏罚的引诱和威胁，就不会产生斗争。这所指向的正是“大人”总是以“有为”的方式治理百姓。而这种“有为”恰恰使人之间产生了隔阂，从而衍生出“利”的趋势。只有在不强调亲疏、爱恶的时候，人与人之间才能恢复一种自然的状态。人们无所争，便不会产生仇恨和战争，这样才能达到一种和谐的状态。

（三）“合道”之境。《化书》认为“道”为宇宙本根，一切都从道开始，最后又复归于道。“道”为虚，“形”为实；“大化”为隐，不可见，而“形化”为显，则可见。“形化”在世间所表现出来的即是“生死”，对于万物来说，生死只是一个自然的过程。“人”知道“生死”，但却又不了解“生死”，故而常会执着于生（产生）与死（消亡）。如此则会

---

① 谭峭：《化书》[M]，中华书局2010年版，第44页。

② 王弼注，楼宇烈校释：《老子道德经注校释》[M]，中华书局2008年版，第8页。

限于“形”中，无法达到消解生死。同时，人置于万物当中，总会与外物产生联系。一般人认为，是外物对于“我”的引诱而产生的，但是《化书》却认为，这皆是我的“自惑”行为，只有能够认识自己，才能够消除掉这些烦恼。由此，《化书》提出，不论是对于生死还是万物，都应该以“道”的视角来看待。“道”并不是某种工具，而是需要通过自身的不断修炼，使“实”返“虚”，从而合于道，即通过自身的修炼而使内心复归“清静”。所谓“合于道”便是不与“道”相分离，能时刻以“虚”即“清静”应万物，才不会执着于物，亦不会被外物所迷惑；只有从大化流转看待生死，才不会因为生死而自我产生喜悲。

四、结语

谭峭生活的年代正处于大动乱时期，这种动乱在某种程度上是对于以往政治和文化的严肃而沉痛的批判，同时他的思想对五代之后的宋代思想起到了极大的影响。如对于道教外丹学向内丹学、心性学的转换，谭峭在对之前外丹理论思考的基础上，提出了“心”的重要意义，为此后的道教心性学提供了思考和实践的方向。同时，《化书》表现出儒释道三教融合的思想倾向，这在某种程度上对于思想的融合起到了积极的作用。如周敦颐的《太极图》及《太极图说》中的“化生”思想与谭峭的顺逆思想有着相通之处。研究者多关注周敦颐与陈抟之间的关系，而陈抟与谭峭为师友关系，或读过《化书》，并受到谭峭思想的影响。因此，周敦颐的思想建构或直接，或间接地与谭峭及其《化书》有着某种思想关联。同时，《化书》中的“太虚”思想对北宋张载的“太虚”思想的形成或也有一定影响。总而言之，谭峭通过著《化书》构建起一套道教式的生命哲学体系。他在接续先秦道家思想、融合东汉以后所建立起来的道教思想并吸收儒家、佛教的理论资源的前提下，结合时代环境对道教自身的理论进行思考和改造，以适应时代现状及解决时代问题。他所面对的时代问题正是对于“生命”的关注，此生命不仅仅是“人类”层面上的“人”的“小生命”，更是在“道”的视域下所展开的整个宇宙的“大生命”。

孟子不责善论分析

陈　涛*

中国，是一个具有忠孝传家传统的国度，有着浓重的道德氛围。孝的观念很早就成为道德评判的标准之一，直至孟子，其将孝提到了一个前所未有的新高度，故而现代的学者多以“纯孝”来说明孟子的孝道特征。但是孟子的诸多孝道观念之中，责善问题鲜有人提及且答语者多依己意断之，未显古人精意。自有宋以来《孟子》升格，随着目光的聚焦，学者逐渐形成了“思孟派”和“非孟派”，对于孟子责善观的态度也有极大差异，前者进行辩护、传承和创新，后者则多有批评责难之意。进入新世纪以来，学者们也多对孟子责善观有所批判，并指明其中不圆满之处。其中主要的问题有如下几个方面：1.不责善涵义的混视；2.责善结果的偶然性；3.责善与谏亲的冲突；4.不责善与孟子仁心义路及“四德”为人的类特质的思想冲突。根据笔者对孟子文本的理解，发现这些问题其实都是对于孟子责善论的片面理解，笔者将从责善的前提，即自我道德之觉醒入手论证孟子责善观的圆满性。

《孟子》之中有关责善论的文字共有两处，兹录如下：

> 公孙丑曰：“君子之不教子，何也？”孟子曰：“势不行也。教者必以正；以正不行，继之以怒；继之以怒，则反夷矣。夫子教我以正，夫子未出于正也。’则是父子相夷也。父子相夷，则恶矣。古者易子而教之。父子之间不责善。责善则离，离则不祥莫大焉。”[1]
>
> 公都子曰：“匡章，通国皆称不孝焉。夫子与之游，又从而礼貌之，敢问何也？”孟子曰：“世俗所谓不孝者五：惰其四支，不顾父母之养，一不孝也；博弈好饮酒，不顾父母之养，二不孝也；好货财，私妻子，不顾父母之养，三不孝也；从耳目之欲，以为父母戮，四不孝也；好勇斗狠，以危父母，五不孝也。章子有一于是乎？夫章子，子父责善而不相遇也。责善，朋友之道也；父子责善，贼恩之大者。夫章子，岂不欲有夫妻子母之属哉？为

---

*作者简介：陈涛（1998—　），男，河南新乡人，湘潭大学哲学与历史文化学院（碧泉书院）2021级研究生，现为中原科技学院马克思主义学院专任教师，研究方向：中国哲学。

得罪于父，不得近。出妻屏子，终身不养焉。其设心以为不若是，是则罪之大者，是则章子已矣。[1]

一、不责善的涵义

孟子为儒家责善论的首倡者，其说明了责善的两个层面分类，即教化层面与孝道层面。“责善”是孟子问题的起点，有必要理清责善与不责善的内涵，才能渐次推进。

孟子并未有文本对于“责善”进行明确的定义，学界对于“责善”的解释比较多，有的说为互相责备，有的解释为求全责备，有的诠释为以善来互相要求对方，等等。要想理解责善的涵义的内在张力，首先必须对“责”字的性质有一个定性。一类认为“责”有强制涵义，即清人王夫之所说“‘责’字重。君子未尝不迪子以善，但不责耳。责则有危言相惊，甚则加以夏楚。子之于父，亦极言而无婉词”[2]。周春健认为“责善”并不是寻常意义上的请求，而是有着极强的强制意味在其中，而且责者提出的要求一定遭到受责者的强烈反感与抵抗。

另一类则认为“责”不单单有绝对性的意味，更具有中性的意味。如涂可国提出，此处的“责”既应指中性的索取、求取、要求、督促、督查、规劝，也应指负性的责备、诘问、追究、批评等[3]。《康熙字典》中注：又责让也，微刺也。可见责确有中性之意。

责善的内涵的不确定性，也就决定了不责善的双面性。周春健在论及不责善时指出，“不责善”并非指父于子全然不顾，只是不去严厉地“责善”，父子之间允许有“教”的行为存在[4]。这即是说“不责善”乃不求全责备之意，其主要的目的在于涵养人之德性，亦即吕祖谦所说：“父子之间不责善，非置之不问也，盖在乎滋长涵养其良心。”[5]让责善的双方能够自觉回归于善的本性。这无疑是尊孟学派对于孟子责善论的辩护，但是这样的辩护尚不能够消除人的质疑，相反会令人产生这样的疑问，即“父子相夷”的结果在这样的情况下一定会产生吗？依常理度之，不责备求全的状况之下，责善双方相互背离的可能性确实非常小。

将责善的范围扩大的同时，“不责善”就不存在一种张力的空间从而变为一种绝对性的存在，亦即不应该对不道德的行为进行互相批评，刘清平对于“不责善”的解释即如上之言。涂可国虽然承认自己对于“责善”的定义是属于后者，但是他认为“不责善”是一种不批评不道德行为的解释并不正确，认为两种都是“责善”应有之义。他的看法不仅忽视了两种不责善概念的唯一性，也与自己所阐释的责善定义相违背。基于以上两种对责善的理解，笔者更加倾向于责善乃是一种求全责备式的存在，不责善乃是不批评不道德的行为，但是这样就会存在如上所说的结果的偶然性、与谏亲的违背、自身理论内在的矛盾性的问题。

但是,当我们考虑这些问题的同时我们就会发现,事实上我们已经有了对于人道德前提的一种假设,即认为我们的内在道德水准都接近于"知错能改"的品质,笔者认为要理解责善论的真实内涵,解决责善论的内在问题,关键症结就在于责善对象的道德张力问题,这是理解责善最基础的起点。

二、责善的前提——受责者的道德境界

责善是一种行为活动,所以必须对于责善双方的身份有明确的认知,即明白责善主体的关系、特殊性。显而易见,所谓"父子不责善",很明确地将责善的双方对象身份表明了出来,即父亲与子女,这是所有的学者都注意到的事情,并且从一种纯粹普遍的父子关系出发,展开了激烈的辩驳史。在这样一个辩驳的过程之中,学者们多是注意到责善的道德目的,也就是滋长德性,但是如上文所说,对于责善双方的道德品质这一讨论的基本条件都视而不见。

当然笔者并非单纯由上文的问题中认识到责善双方的道德水准问题,而是另有其他的佐证之处。就儒家传统来说,公孙丑问题之中的"君子"一词具有非比寻常之意义,其不仅是一个简单的称谓名词,更是一种道德的具化产物,其中蕴含着道德境界,不仅国人以之为常,儒家更是积极阐述其道德内涵,欲明斯问,岂能不注视于此?因材施教乃是儒家的基本教育原则之一,毫无疑问自称孔子私淑弟子的孟子对这样的教学原则甚为熟悉,孟子亦说:"君子之所以教者五:有如时雨化之者,有成德者,有达财者,有答问者,有私淑艾者。此五者,君子之所以教也。"[1]大意即为君子教化世人的路径有五类,一者如旱之时雨逢时而落化育诸物者,有培养德行者,有培养才能者,有就所问而有所答者,有受德业影响虽未成教但窃以此德治己身者。凡此五类皆是君子之所教,盖因诸人之材而有所教化,小以成小,大以成大。

次则就《孟子》一书的文本形成来说,孟子所处之战国之世,其社会生产力较低,文本的流传成本极高,故而先正之言言简而意赅,字若千金,公孙丑之问岂无用哉?孟夫子周游列国的过程之中备受诸侯国家的礼遇,在这样的过程中不仅要面对君王的疑问,还要回答其他学者的诘难,他自己说:"予岂好辩哉?"结合《孟子》中之实例足见孟子有着极强的辩论水平,似此显见之问题非是辨者之能;《孟子》一书的记述方式乃是语录体,以一种问答的方式构成文本,也正面反映了学生之问与孟子之答间存在着必然的联系。

再次就《孟子》中之文本考辨,孟子提出的五类教育路径中专门将答问列为一类,足见"答问"在孟子教育思想之中的重要性,那么公孙丑所属的究竟更贴近于哪一方面呢?据笔者统计,"公孙丑"在《孟子》的七篇文献中有所出现,共一十四次,

均是以一种提问者的身份出场,且孟子的答语都与公孙丑所问的话语息息相关,可以说公孙丑在《孟子》的文本之中更接近于一种问答者身份。故而忽视公孙丑提问之中所隐含的道德前提是一种不恰当的选择,不仅不利于理解文章之本意,而且会引发现在所说的一系列的矛盾。

三、时代下"君子"道德境界的缺失

当道德境界呈现在父子关系之上后,即将君子所具备的品德附加给施教者后,孟子所说的"父子相夷"的场景似乎生成的概率就小之又小,甚至可以说根本不会发生,这样的情境下不仅父亲的行为不会出现"未出于正"的情况,而且"继之以怒"的情况也不会或很少会发生,这样就使得孟子的逻辑推演破裂,虽是愚人亦不能止,况多呈教于孟子者之公孙丑乎,恐亦不可能就此偃旗息鼓,这也说明公孙丑提问之中的君子不可能是一个传统意义上的人格境界。

随着社会的不断变化,"君子"所代表的道德品质必然会与传统意义上的"君子"相比有所变化,司马迁在《史记·孟子荀卿列传》中论及孟子所处时代的情况时写道:"当是之时,秦用商君,富国强兵。楚、魏用吴起,战胜弱敌。齐威王、宣王用孙子、田忌之徒,而诸侯东面朝齐。天下方务于合从连衡,以攻伐为贤,而孟轲乃述唐、虞三代之德,是以所如者不合。"[6]由此可知孟子所处的战国时期,现实之中重利之风盛行,世风习俗的重利更加造成了扰攘纷争的社会乱局。此种观念于《孟子·梁惠王上》之中就可窥一斑,"孟子见梁惠王。王曰:'叟不远千里而来,亦将有以利吾国乎?'孟子对曰:'王何必曰利,亦有仁义而已矣'"[1]。是时魏国战事失利,梁惠王招纳诸贤者,孟子闻讯而来希冀一展宏图之智,上来便是一盆冷水,梁惠王直截了当地问他:你来可以给魏国带来什么利益?当世之时,诸人皆认自我品德之高尚,而实际上却是相差甚远,从梁惠王"民不加多"的疑问之中足见当时之人道德境界的名实关系。

再者从《孟子》之中不责善的典范人物而言,扮演教者的父都缺少社会道德性的品质。孟子将虞舜作为主要的孝道人物,通过论述舜的孝道行为来提升孝道在原有伦理道德之中的地位,万章曰:"父母使舜完廪,捐阶,瞽瞍焚廪。使浚井,出,从而揜之。象曰:'谟盖都君咸我绩。牛羊父母,仓廪父母,干戈朕,琴朕,弤朕,二嫂使治朕栖。'象往入舜宫,舜在床琴。象曰:'郁陶思君尔。'忸怩。舜曰:'惟兹臣庶,汝其于予治。'不识舜不知象之将杀己与?"[1]古谚有云:虎毒不食子。我们由舜之父瞽叟的行为将其定位成一个道德极端败坏的人亦不为过,而舜的行为则是完美地彰显了"不责善"的涵义。

《孟子·公孙丑下》中孟子说道:“古之君子,过则改之;今之君子,过则顺之。古之君子,其过也,如日月之食,民皆见之;及其更也,民皆仰之。今之君子,岂徒顺之,又从为之辞。”[1]这是齐王问孟子“然则圣人且有过与?”时孟子所随性而发出的感慨,从孟子的言语中不难看出“君子”这一名词之中所蕴含的道德比重的下降,古代君子的过错如日之在天,昭昭明明,大家都能够看到,而正因为其能迅速改正所以人民皆敬仰其德行,但是与之成对比的是现时的君子不仅仅顺遂过错,更是巧言令色,以图欺世盗名。很明显这里表达了古今君子的差异之处,且主要的差异就在于个人道德伦理中知错能改的内容,这些差异之处也说明了“君子”这一称谓在当时的现实情况之中已经不似其原有的纯粹道德境界。以现实之中的君子标准来看,这样自然是会出现父子相夷的结果,因为他们并不会知错而改,就会造成孟子所说的“以正不行,继之以怒”与“夫子教我以正,夫子未出于正也”结局的出现,这也使得孟子所说的“势不行”有了充分的说明,即当时“君子”已不具备这样的品行。

有的学者根据孟子后文之中所说的“古者易子而教”反推得出了不责善并非不适用于现在,而是适用于三代之时,例如清代的盛大士,他认为父子不责善仅适用于三代之时,而后世与夏商周三代的情况有了极大的区别,已经不具备“父子不责善”的条件。他说:

《白虎通》云:“古之教民,百里皆有师。里中之老有道德者,为里右师,其次为左师,教里中之子弟以道艺、孝悌、仁义也。”由是而升之于庠,升之于序,升之于学,而又简不肖以绌恶。则不待为父者之督责而易子以教者,早严其董戒矣。后世师之教弟,不过在章句之末,科名羔雁之资,无复以立身持己、孝悌仁义相为谆劝者。师道不尊,师范不立,师之视弟,无异于朋友。[7]

在盛大士看来,因为夏商周三代庠序之中的机构设置和教育内容的设定已经相当完备,足够使得学子的道德达到一定的水准,不需要父子之间互相督促,更不需要易子而教,责善的责任归于庠序之中的师者;而三代之后师道不复,庠序之教濒临崩溃,这就切断了学子养德弃恶的途径,致使父子不责善的可能性消失了,即父子不得不责善。盛氏所言确有其理,果如其言则似有可通之处,然而其中却缺乏对于历史事实的考证与对孟子逻辑推论的思考。

据涂可国先生考证,因为“男主外,女主内”的社会分工,士大夫阶层确实存在“易子而教”的行为[4],这与盛氏所言确有截然相反之处;再者三代之时确有庠序之教,然则其教育之实效是否如盛氏所言确是有待考察的,纵观三代之史,虽有千余年之为政,然而除却创业先王与中兴之主有赫赫威德之外,其余也大多平平,致使政权的不断跌宕,虽有禹汤文武等诸位贤王存世,但是其后代之中亦不乏桀纣周幽此类的暴乱之徒,而作为最上层的统治者,他们所拥有的教育资源与传授德业者毋庸置疑是最高水平的，他们德业尚且不保，又如何保证其他受教育者的道德修养呢？孟子也说“人伦明于上，小民亲于下”[1]。天之无日，民岂可活焉？

从孟子文辞的推进上看，诚如盛大士所假设之场景，确实符合孟子所说“父子不责善”的逻辑进路，即由父教子而出发，最终由于教之而不能行导致相夷，或父教以正而己身不正最终造成父子相夷的结果，但是与孟子首句所言“势不行也”的感慨有不符之处，换言之，君子不教子是当时的教育体系的建构而造成的结果，那么孟子何以言父教子之间的贼恩呢？况且如孟子所言步步推进，人之道德的完善，何以会教之以正而已不行最终导致责善则离的结果呢？另外如其所说，“不责善”适用于三代之时，岂非言战国之世道德日丧，正是责善之大好时机，在这样的逻辑下责善将会是一种社会风气，如匡章者岂能举国任其为不孝？结果却是匡章被世人斥为不孝之人，显而易见盛大士之言恰与孟子之言相反，即在战国世风日下之际，责善只能造成“贼恩”的结果，是不符合家庭伦理道德的。从匡章的例子来看，世人皆称其不孝，而在孟子看来匡章并未有任何不孝的行为，因为未有任何有违于孝的标准，那么为什么世人称其为不孝呢？在孟子看来其原因主要是父子之间责善，但是匡章之父又不能改正“继之以怒”，匡章为全父子之恩不得不终身不养。这里孟子显然有为匡章辩解之意，又岂是盛氏所说的“孟子断弗与游”？通过以上两点足以见盛氏所言之非，实是强说孟子之意。

“古者易子而教”，学者多认为其是说明孟子认同古代历史的事实，是孟子之前就已经存在的教育方式。那么“易子而教”究竟是不是一个古代普遍的教育方式呢？据涂可国先生考证，中国古代确实存在“易子而教”的情况，但是都局限在士大夫阶层，主要原因就是男主外、女主内的社会分工。但问题是，历史的经验告诉我们，中国古代社会也同时具有“父教子”的优良传统，孔子与其子孔鲤就是典型，作为孔子私淑弟子的孟子又如何解释这一现象？

这些问题都是基于“古时”解释为代表时间的名词而来的，当然这些问题有待于历史学的考证，权且悬置一旁。“古者易子而教之”在文句之处若是按照时间名词解释，那么上下文之间的通顺就成为问题，也就是说此句如鲠在喉，像是凭空添置之文，虽有联系但是联系却不密切。而且不论是孔子还是孟子都有着尊古的传统，所以说言必称尧舜，当“易子而教”回归于三代之时，那么君子所蕴含的道德境界就迎来回归，如上所说孟子的答复是显然站不稳脚跟的。笔者并不赞同将其理解成为时间名词，而更倾向于将其解释成所以然者，即一种总结性的词语。《说文解字》说：“古者，故也。从十、口。识前言者也”，“按故者，凡事之所以然”。可见古本意不仅仅是一种时间的象征，更是具有总结之意味。当“古者”理解成“故者”代表一种结论，不仅在上下文连贯上的滞感顿消，而且也与我们上面的道德境界的论证相契合。

四、责善与孝的同向性

在孟子责善论之前，孔子亦提出了一套父子关系谏亲的方法论，大部分的学者认为儒家孝道文化提倡双亲有错子女应当谏亲，这样才是孝道的标准，更符合家庭伦理，而孟子的不责善之论则是消弭了人在家庭伦理之中的作用，故而认为孟子“不责善”与孝道存在着矛盾，有甚者更认为这是对于孔子的背离。最能彰显责善与孝道关系的就是匡章的事例。

责善与孝的关系历来都是学者们争论的重点，其中主要有三种观点，一种认为孟子仍旧以责善为不孝之举，只不过匡章在心理上还是非常想承欢膝下，服侍双亲的，所以其行为还没有到达一种“可绝之地”，孟子怜悯其心迹才与其交往。如《朱子语类》载：

> 孟子之于匡章，盖怜之耳，非取其孝也。故杨氏以为匡章不孝，‘孟子非取之也，特哀其志而不与之绝耳’。据章之所为，因责善于父而不相遇，虽是父不是，己是，然便至如此荡业，‘出妻屏子，终身不养’则岂得为孝？故孟子言‘父子责善，贼恩之大者’，此便是责之以不孝也。但其不孝之罪，未至于可绝之地尔。然当时人则遂以为不孝而绝之，故孟子举世之不孝者五以晓人。若如此五者，则诚在所绝尔。后世因孟子不绝之，则又欲尽雪匡子之不孝而以为孝，此皆不公不正、倚于一偏也。必若孟子之所处，然后可以见圣贤至公至仁之心矣。[8]

诚如朱子之说，匡章之责善乃是一种不孝的行为，那么孔子的“几谏”属于孝吗？就“责善”上来说孟子真的可以成为孔子的“私淑”弟子吗？

第二种意见认为，孟子所提出的五种世俗所认为的不孝的行为中，匡章并不属于任何一个，故而说匡章的行为在孟子看来就是属于孝。

第三种即陈大齐所提出的“不以为不孝”的观点。他预设了两种情况：第一，责善，即劝勉从善，在本质上是一件好事，是每一个人的分内之事，只有这样社会道德才能够持续，社会才会更好；如果每个人都忍气吞声，不仅个人家庭不能成就，而且社会的道德秩序无法得以延续。虽然责善的旨归是好的，但是他的适用范围也有一定的限制，有适用与不适用之区别。若在不当的地方用，就有不当之处，但是其所犯错误相对来说并不算大，所以作为儿子责善父亲是属于不当的范围，并不属于不孝。第二，匡章也是一个平常人，也是希望能够侍奉双亲，并非“不顾父母之养”，只是因为“责善”得罪于父亲，不得不“出妻屏子，终身不养焉”，这才有了“世之所以为不孝”，不得不牺牲毕生的幸福，以赎一时的得罪。“悔过自苦，情颇殷切，原心略迹，非无可恕。”[9]所以匡章虽然得罪于父，并不能因此便斥其为不孝。孟子之宽恕匡章而不以其为不孝，究竟孟子本意是何，不可得知。这样的观点与周春健的想法是一致的，都是用一种“权变”的观点来看待匡章责善的问题，这样对于“责善”含义的解释是恰当的，但是其说服力并不强，其主要是体现其具体应用之中“责善”与“孝”的关系，却并没有从根本上对两者关系进行一个判定；再者，其虽对“责善”有权变之解，但是并没有明确说明其适用范围究竟是什么。

笔者比较赞同第二种意见，即认为“责善”与孝道是具有同向性的。在大部分学者看来这在逻辑上有些牵强，因为虽然匡章的行为并不属于孟子总结的五种不孝的标准，但是并不能说明孟子就认为匡章是为孝，在“不孝”与“孝”之间存在一个中间层次，即说不上“孝”也谈不上“不孝”，所以朱子所说的“此皆不公不正、倚于一偏也”[8]。在笔者看来正是这样的言语使得后世学者认为孟子之“不责善”与孔子之“几谏”产生了背离。关于责善与孝的关系，孟子从来没有明确地给出一个结论，诚如学者所言，要认定属“孝”，有情感及行为上的条件限定，孟子否定“责善”的原因在于“父子责善，贼恩之大”，即在于责善的结果——“贼恩”的不合理性，这也符合“门内之治恩掩义”的传统，但是并没有对于“责善”的否定。观孟子所认为的孝的典型——舜，可谓是不责善之代表，但是其对于其父之行为有所“怨”，不论此“怨”指舜怨自己还是父母，其所“怨”者，更多是己之不能启父母之善端，故而有“怨慕”之号泣。舜岂不欲父母之能成君子乎？岂不欲与父母相亲乎？是其不可为。

前文已经说过，责善的意义在于德性的滋长，并且责善对于受责者是有着道德要求的，但是现在所谓“君子”已然丧失这样的基本道德素养，就像舜之父母一样，其没有改过的可能性，则必然造成“贼恩”的结果。就像孟子所说“不挟长，不挟贵，不挟兄弟而友。友也者，友其德也，不可以有挟也”[1]，但是受责者即父亲并不能以“不挟长”的态度出现，如果以一种“不挟长”的姿态来进行又何尝不可呢？故以孟子之大端与常理度之，责善与孝道是具有同向性的。

这样孟子“父子不责善”就符合了《郭店楚简》中所说的“门内之治恩掩义，门外之治义断恩”，但是涂可国先生提出这样的处理会造成仁与义的分离甚至冲突，会因为“亲亲”之仁而牺牲掉“责善”之义。实际上这样的理解在笔者看来是不合适的，孟子说“义者，宜也，尊贤为大”，所谓“宜”乃当之意，怎么来评价这个宜？换句话说“宜”的标准在哪里？在孟子看来就是“贤”，也就是所谓的道德律，就责善而言就是受责者双方的道德境界。所谓仁与义之冲突，就是为“亲亲”而不责善。孟子说“亲亲为仁”，责善本质就是“亲亲”，是为了父子道德涵养的增长。但当明知其不可为时，即作为父亲并不具备一定的涵养时，若一味地责善，最终的结果是“亲亲”

与“责善”两种行为均未达成，相较之下，必然会采取“亲亲”的行为，这本身也是一种“义”的选择。

孔子说：“事父母几谏。见志不从，又敬不违，劳而不怨。”[1]所谓“几谏”者就是先儒所说“微谏”，委婉劝谏。其实几谏的行为也是有一个受谏者道德境界的假设存在，当道德水准不足以知错能改时就是所谓的“志不从”，而匡章责善后之行为，不可谓其非“又敬不违，劳而不怨”。“今之君子，过则顺之”，这就注定了“几谏”“见志不从”的结果，所以孟子直接以不责善为结论，强调父子之间以恩为大，敬而不违，劳而不怨，似舜一般，这亦即是孟子对于孔子心法之继承，即“孔子，圣之时者也”，也就是孟子所说“‘虽有智慧，不如乘势；虽有镃基，不如待时。’今时则易然也。”[1]

五、结语

每一个思想家，其思想的光芒不仅是对于前人思想的继承，更是在社会条件的基础之上发展而来，所谓每个时代都有每个时代所面临的问题。儒学的发展不仅仅是继承，更是开拓创新，这不仅是历史的必然，更是作为一个儒者应当承担的应然。如果在具体的实践行为之中一成不变，必是不可长久。孟子的责善之论，正是孟子承孔圣及三代之精妙，诚如孟子所说“‘虽有智慧，不如乘势；虽有镃基，不如待时。’今时则易然也”[1]。这里的“时、势”不仅是一种大时空、大尺度的概念，更是基于当时当下的身心道德状态的呈现，必须认真地考究其文本之中所蕴含的时代背景及其自身所具有的理论的内在合理性，而不能仅凭读者所处的社会环境对文本做出解读。

参考文献

[1] 朱熹．四书章句集注[M]. 北京：中华书局.2011.

[2] 王夫之著，《船山全书》编辑委员会编校．船山全书 第6册[M]. 长沙：岳麓书社.1988.

[3] 周春健．孟子“父子之间不责善”的古典学阐释[J]. 文化发展论丛，2017，1(1):105-143.

[4] 涂可国．孟子责善论面临的合理性挑战[J]. 现代哲学，2017(5):127-134.

[5] 吕祖谦．丽泽论说集录，文渊阁四库全书本，卷七．

[6] 司马迁．史记[M]. 北京：中华书局.2022.

[7] 盛大士．朴学斋笔记，民国嘉业堂丛书本，卷一．

[8] 朱杰人等编．朱子全书 第24册[M]. 上海古籍出版社.2002

[9] 陈大齐．孟子待解录[M]. 华东师范大学出版社.2012.

朱陆“异端”之辩探微

王俊沣*

“异端”一词，初见于《论语》为政篇，“子曰：‘攻乎异端，斯害也已！’”[1]。“异端”一词的具体代指也随儒学发展而变化。孔子初言时的具体含义或指怪力乱神之说、使人们荒淫乱礼之说等，面对此等异端之说当远离之，不可了解学习它，以免陷入其中受到危害。而至孟子时期，就可看到异端已明确地代指杨朱与墨翟。“杨氏为我，是无君也；墨氏兼爱，是无父也。无父无君，是禽兽也。”[2]杨朱主张为我，其异端之害在无义；墨翟主张兼爱，其异端之害在无仁。至唐宋时期，“异端”又有了佛老这一新意义。而现代有关朱陆“异端”之辩的专门研究较少，且多直接对比二人“异端”说之同异，或将二人之说放在整个宋明理学流变的进程中进行分析，但对二人各自异端之说形成的内在逻辑探析较少，故本文着手于此。

一、前人对“异端”之不同理解

中唐时期，韩愈的“道统”说与柳宗元的“统合儒释”说，都在很大程度上影响了宋明理学的“异端”说。此外对朱、陆二人的“异端”说影响较大的还有二人同尊为先辈的二程关于异端的看法。

“异端”说在宋明理学中的兴起与韩愈的“道统”说是密切相关的，甚至可以说是由之而建立的。其曰：“斯吾所谓道也，非向所谓老与佛之道也。尧以是传之舜，舜以是传之禹……文武周公传之孔子，孔子传之孟轲，轲之死，不得其传焉。”[3]何为正统，何为异端的依据便是谁继承了孟子以来的道统，谁就是继圣学之正统，除正统之外即是异端。而正是道统的至正权威性，使得宋明理学家们纷纷争夺道统正传之名。例如，朱陆双方虽同尊二程，但由于理论互不认同，互不承认对方承继了道统，并互指对方为异端。而后，朱熹之后学便以程朱一脉为继承孔孟道统之传，

*作者简介：王俊沣（2000— ），男，山东潍坊人，湘潭大学哲学与历史文化学院（碧泉书院）博士研究生，主要从事宋明理学研究。

陆九渊后学则以陆九渊为孔孟道统的真正继承者。可以说,宋明理学时期的“异端”说是“道统”说的另一提法,“异端”以“道统”为据,谈道统与辟异端是紧密相连的。“道统”说侧重儒学内部,是“正宗”之争,“异端”说则兼杂同期的其他学说,是所处社会的思想主流之争。继韩愈道统说之后,诸多宋儒都提出了自己的道统说,如石介、张载等,也对二人基于道统说的异端说产生了一定影响。

与韩愈不同,柳宗元认为的“道”是分天道与人道的,“人道”是以孔子、老子和佛陀为代表的三教文化的“同道”。三者是以孔子“仁义”为基础的同源异流,人道是天道之所存、所行,元气流动于天地之间,是化生天地万物的天道。由此他提出“统合儒释”说,反对灭佛、辟佛老等行为,而应“悉取向之所以异者,通而同之,搜择融液,与道大适,咸伸其所长,而黜其奇邪,要之与孔子同道,皆有以会其趣”[4]。以儒家思想为本,将儒释道三家“通而同之”,各取其长处,去其短处。相比于韩愈高举儒学旗帜的道统说,柳宗元熔铸百家的“统合儒释”说为学者们提供了不同的学习思路,为后来的宋明理学家们指明了儒学的进一步发展方向,影响亦十分深远。

上文提到,朱熹、陆九渊二人谈及儒家道统都尊二程为前辈,这是因为二人都对二程的主要思想有所承接,特别体现在对二程的“异端”说有所继承。二程认为“异端”可分为两类:一类如杨墨,是学圣道有偏而沦为异端。“然而厚则渐至于兼爱,不及则便至于为我,其过不及同出于儒者,其末遂至杨、墨。”[5]“杨朱本是学义,墨子本是学仁,但所学者稍偏,故其流遂至于无父无君。”[5]以二程的观点看,杨墨二人虽是脱离人伦,但是偏而后至于此,他们的出发点较儒家仁、义的伦理观念并不相冲,只是受了遮蔽,并非别有一端。杨墨他们作为异端的危害也较低,故二程的态度在一定程度上有缓和。另一类异端是中唐以来儒学的主要对手佛老,二程认为“道之不明,异端之害也”[5],这是根本对立,毁人伦、分道远矣的异端之学,其害无涯,针对佛老必须采取严厉批判的态度以杜绝之。陆九渊承接二程将异端之学一分为二的看法,将佛老等道不同的异端归为“端绪不同”,并进一步发展了二程对待异学缓和的一面,虽坚持批判异端之学,但亦观其内容,不全盘否定,择善而吸收之。朱熹则主要承接二程的第二类观点,并更进一步,认为异端之学是完全与儒家圣人之道相悖的、别立一端的学说与观点,对异端之学的见解更深。基于以上渊源,将在下文对朱陆二人的异端说进行详细分析。

二、朱、陆“异端”说之比较

朱熹与陆九渊同为儒家学者,对“异端”说之理解自然有其相同之处,但相比之下，朱、陆对“异端”说的理解差异更多一些。

（一）以己学为正，弘儒家之道

朱、陆对异端的相同理解有如下两点：其一，二者都以正道、至理视自己的学问，而将诸“异端之说”视为非道、外于道。朱熹引明道之言：“道之外无物，物之外无道，是天地之间，无适而非道也。”[6]陆九渊亦言：“道外无事，事外无道。”[7]他们都以没有脱离道的事物，亦没有不表现于事物之中的道为依据，来说明自身学说的正当性。而其他诸说由于对道的理解有偏差，或根本不以道为本，则视为异端。以天道之至上性为自己学说的地位做辩护。这实际都是“儒者为维护儒家核心价值观而针对违背儒家核心价值的对象进行的批判”[8]。其二，二者都认为异端之说的负面影响巨大，不仅要在学习正道时潜心严谨，不容有差，还要主动担当起弘扬正道的责任，辟邪说。朱熹引程颐之言“儒者潜心正道，不容有差。其始甚微，其终则不可救”[5]来教导为学者，应潜心学习圣人之道，其过程不容得有一丝偏差，一旦涉于异端之说，开始时的差别极小，但最终会谬以千里，造成不可挽回的局面。陆九渊亦极其重视所学之端绪，教人为学之初“谆谆只言辨志”。上文亦提到，二人面对异端之说都主张辟之、改之。与陆九渊相同，面对异端之说，朱熹也发出“正立其间，与之较是非计得失哉！”[6]这样的豪迈倡议。由此，在辟异端邪说、行弘扬正道的责任这一点上，二者是相同的。

（二）朱陆“异端”说的理论基础、学说关系、态度之异

朱熹、陆九渊二人对“异端”一词的不同理解，致使二人及其后学对异端学说的关系与态度都产生了极大差异。

1.“格物穷理”与“发明本心”之不同理论基础

朱熹、陆九渊不同的“异端”说，根本上是由二人学理基础不同造成的，不同学理基础产生不同为学路径，二人由此产生了对道统不同的理解，以及对“异端”一词的不同理解。朱熹承二程之思，认为作为天地万物之根源的天理虽亦存于人的心中，表现为“天命之性”，但心非理，因气禀不同，人心中又存有不同程度的“气质之性”。这便导致天理被气禀所遮蔽，须有一确切的入手处，以求知解蔽。若一开始便用功于佛老、山水之间，不仅白费功夫，还会导致儒门学者尽归于他说。那么这个正确的方向、坚定的依据为何？二程曾明确提出“经所以载道”，朱熹在此基础上进一步展开，认为“四书”集中体现了圣人作经之意，以“四书”为代表的儒家经典是载道的工具，圣人作经之目的就是为了传道，使后人明道。要求为学者应以学“四书”为主、为先，以其他学说为依据的则可归为异端。十分重视儒家经典

在为学明理上的重要作用,踏实根脚,再加以工夫,才能使道学明。而陆九渊认为的“心”源于孟子,心中自有良知、良能,只要将心中本有的义理发显出来即可。经典固然有其价值,然与圣人之心相比,不过皆是“吾心之注脚”。故象山教人为学当以“辨志”为先,将心之本根首先确立下来,以心为依据,再进一步做功夫。本心作为最正的“端”,传道即是传心。不同于此道之端者以及教人不以“发明本心”为为学之方者,皆为异端。

所以朱熹是以非圣人之道的,与儒家不同的其他学说为异端,而陆九渊则以非同一底端的学说、学派以及因师承不正导致的所学异绪者为异端,可以说是直接将所有的非己之学都归为异端。朱熹在《四书章句集注》中载范式之言曰:“异端,非圣人之道,而别为一端,如杨、墨是也。[2]”朱熹亦曰:“学者于释氏之说,直须如淫声美色以远之。”[6]由此可见,以朱熹为代表的儒者认为“异端”一词可解释为儒家以外的,与儒家学说不同的其他学说、学派,含有负面的意味,故对待异端的态度也是极为坚决、激烈的。可以说是完完全全的否定。对危害、影响较小的,如孟子时期的申、韩,即应远之、畏之。而对危害、影响较大的,如孟子时期的杨、墨,程朱时期的佛、老,则不仅要远之、畏之,更要攻之、辟之。

陆九渊则认为,异端并非止佛、老,如上文所言,陆九渊也持一种将异端之学一分为二的看法:“今世类指佛老为异端。孔子时佛教未入中国,虽有老子,其说未著,却指那个为异端?盖异与同对,虽同师尧舜,而所学之端绪与尧舜不同,即是异端,何止佛老哉?有人问吾异端者,吾对曰:‘子先理会得同底一端,则凡异此者,皆异端。”[7]“虽同师尧舜,而所学异绪,与尧舜不同,此所以为异端也。”[7]对比程朱,陆九渊更将“异端”的范围扩大,认为只要为学者之学与圣学之端绪不同,那学成之后必然不同于圣学。甚至即使同为儒学学者,因师长传授或自己主观原因导致所学异绪,也是异端,更不必单说佛老了。由陆九渊对异端的这种解释,观《论语》中“异端”之言倒也可以解释得通。凡不是以本心为端绪的学说,皆非“同底一端”,则皆是异端。而若要“攻乎异端”,则如同教人以问学外于道而求,行支离事业,这无疑是极其有害的,其结局也是成为异端。尽管陆九渊对“异端”的界定更为严苛,他对异端之说的看法却较为缓和。这决定了陆九渊心学与异端之说的关系。

2.“对立分别”与“超越归化”之不同关系

因二者对异端学说的定义不同,导致其二人学说与异端学说的关系不同。据朱熹在其《论语集注》中曾引用的范氏之言可见,朱熹概念中的异端应是与圣学一端相对的另一端。所以异端外道、离道而非道,是与圣人之道相对的。二者呈现对立、对抗的关系,二学根本不可往来。“故不若且于迹上断定不与圣人合。其言有合处,则吾道固已有;有不合者,固所不取。”[6]朱熹认为,像佛老这样的异端邪说,为学者一旦学习了它就会受到影响，或沉溺其中，或扰乱心智影响后面的学问。所以观圣学与佛老之学的不同不可以采用学习、比较的方法，佛教异说断然是与圣人学说不同的，也不会产生任何关系。如果有相合之处，则是圣人之学本来就有的；如果有不相合之处，那一定是佛教的错误，是儒家一定不会学习、吸收的。有如此严苛的断言，朱熹对异端之学的对立分别观点可见一斑。

陆九渊实则是以一种超然的心态来面对其他学说的。陆九渊反对以门户划分派别学说，不喜门户派别之间的攻击与对立，“后世言学者须要立个门户。此理所在安有门户可立？学者又要各护门户，此尤鄙陋”[7]。且他自认为其心学是高于诸异端之学的，有其心学在，是没有其他异端、门户确立的必要的。因为人生乎天地之间，皆具本心，无非同气，尽此心即可明此理，此理便是共同的宇宙之理、吾心之理，无彼与我之意，也就无门户之别，各护门户的说法就显得低级又可笑了。而对于现实之中儒家内部的门户之争，陆九渊也展现了其超然的一面，他十分理解他们的想法：“今之论学者只务添人底，自家只是减他底，此所以不同……举世人大抵就私意建立做事，专以做得多者为先，吾却欲殄其私而会于理，此所以为仇。”[7]那些为学者正是由于所学之端绪的不同，受到迷惑与遮蔽，致使他们是从自己的私意出发，为学只务添加而不做反求本心的工夫，舍本逐末，而与真正的道理相去甚远。陆九渊教人自立，不必外求，切己自反，改过迁善。这一减的工夫与论学者先前的所知不符，故当时的论学者大多不悦于此，以致为仇。尽管世之论学者以陆九渊为仇人异端，陆九渊本人却并未太过担忧，他仍对自己的学问抱有充足的信心。他说：“风俗驱人之甚，如人心不明，如何作得主宰。吾人正当障百川而东之。”[7]认为世人受支离之学蒙蔽，那么作为正学的自己就更理应担起为人们去蔽明心的责任。或也正因如此，陆九渊对待异端与朱熹不同，是一种建立在对自己思想极度自信之上的理解之，并力图归顺之的较缓和心态。

陆九渊之心学与异端学说的关系如上文所言，并非对立，而是凌驾于异端学说之上。这抑或与陆九渊的个人气质有关。《象山先生行状》载：“先生幼不戏弄，静重如成人……过者驻望称叹，以其端庄雍容异常儿也。”[7]其读古书，至宇宙二字，又尝曰：“宇宙内事乃己分内事，己分内事乃宇宙内事。”[7]弟子问陆九渊何不著书，其回答曰，六经等经典文本所阐发的意思正是我心中所有的意思，不需再进行额外的非必要著作。种种记载无不反映出陆九渊的过人气魄。而这过人气魄表现在其心学上，就给从学者一股极强的力量：宇宙之至理即圣贤之理，我心与圣贤之心无不同，此理亦莫不同也。众人之心与我心亦同，人人皆可得宇宙、圣贤之理。心怀此力量看诸异端之说，即“千虚不博一实，吾平生学问无他，只是一实”[7]。看持异端学说之人，即是“宇宙不曾限隔人，人自限隔宇宙”[7]。心学之正理就如宇宙般在那里，不曾限隔过想要了解它的人,只需认识到自己的不足,主动改自己之异说而同于宇宙之理。众异端学说的著述无论多么繁杂精密,也不过是虚妄支离之说,而陆九渊虽不曾注疏作著,但不妨碍其学作为至理同于古之圣贤,是众多异端邪说所不能及的。学习异端之说者也实际是自限眼界,自己选择了支离异端而已。尽管陆九渊对异端学说不掩批驳之情,但并不是只过分担心其威胁,而是带有一种超越对立的自信。

3.“激进攻辟”与“缓和辩证”之不同态度

因二人学说与异端学说的关系不同,导致二者对异端学说的态度并不完全相同。虽然朱、陆二人都反对异端之说,但朱熹面对异端的态度更加激进、坚决,给人一种零容忍的战斗决心,既要划清界限畏之、远之,更要强硬回应,辟之、攻之。朱熹在《近思录》中专设《异端》一卷,将儒家与佛教进行对比,划清界限,以揭示佛教之虚妄。佛教“反以六根之微因缘天地。明不能尽,则诬天地日月为幻妄”[6]。指出天地本就不能用感官来穷尽,佛教却教人从耳、目、鼻等六根来穷尽,以微小观巨大,得到的当然是无法穷尽。指责佛教不懂现实的昼夜、生死、古今都是自然现象,更是以此立论,认为现实的广阔皆是虚妄幻象,这又犯了武断、执著的错误。正谓离道始微,终不可救,佛教又“去他身上起意思,奈何那身不得,故却厌恶,要得去尽根尘”[6]。想从抛弃与现实相连的肉身出发,却又无法做到,便厌恶自己的肉身,要除尽红尘的祸害。这实属自相矛盾,如此巨大的偏离自然无法正确认识道,也就更无法正确言道。释氏“然则其上达处,岂有是也?元不相连属。但有间断,非道也”[6]。朱熹又从接引工夫出发,认为佛教是对道的认识不足,也就只能讲向上的超越境界,若问具体修行工夫,则无处接引,只是讲出家、顿悟这样不好把捉的独善言论。佛教这样上下间断的“道”,就根本不是真正的道。“故滞固者入于枯槁,疏通者归于恣肆。”[6]佛教教人之法单一,只有教人内心宁静无碍之法,却无依据不同人性的行教接引之法,故导致学佛禅的普通人或过于死板,或放肆不羁。儒家的道就不是这样,能因学者之不同本性,通过细致的为学之方及时找补,最终达到圣人境界。世人多追求释氏,这就是当时的人们伦理无序、道德品行低下的原因。

陆九渊对异端之学则主要是辟之,告诫弟子为学工夫莫要偏离,还没有达到攻之、远之的地步。与之相对的,陆九渊还展现了其包容的一面:自少以圣贤为师,其于释老之学辩之严矣,然其徒苟有一善,亦所不废。故先生不弃人,而人于先生亦鲜有不获自尽者。[7]这是陆九渊为其兄陆九龄作的行状中提及的。陆九龄自幼学习儒家经典,严格分别释老以保持自身思想的纯洁性,尽管如此,对于佛老思想中好的一面,也不会强加辩难,亦会给予肯定,以致陆九龄对求学者们的问题都可以予以指导,相互之间关系甚佳。可以看出,陆九渊对其兄陆九龄“苟有一善,亦所不废”的做法是充分肯定的。加之与其兄关系密切,常常一同学习、讨论问题,再加之面对弟子刘淳叟参禅之喻给予的肯定“淳叟亦善喻，周亦可谓善对”[7]，可以判断，陆九渊对于如佛老之类的异端，其实是持一种与朱熹有较大不同的，较为缓和、包容的态度。陆九渊对待异端之说的缓和态度，除其个人气象与对异端的理解不同所导致外，亦应由其所处的阶级属性导致。青田陆氏家族不事生产，经几代发展，至陆九渊一代已成为完全依靠药材买卖为生的工商大户，陆九渊与其兄陆九龄考学、游学的费用全部依仗于此。象山心学正可以看作是手工业对个体劳动生产者生产积极性、经营自主性等客观要求的反映，其对“功利之学”的缓和折中态度便体现了这一点。陆九渊一面坚持传统儒家的义利之辨，并以义利辨儒释，认为义重于利，与朱子学别无二致，另一面又十分推崇计功谋利的行为。在荆门期间积极改革工商税制、鼓励商业贸易，要求儒生“理财正辞”，又有浙东功利之学的意味。陆九渊不顾时人对王安石的攻击，而称赞其“以盖世之英，绝俗之操”[7]，以及对熙宁变法的赞许亦体现了这一点。南宋商品经济的发展已达到与传统自然经济相抗衡的对等地位，而封建专制政体仍重农抑商，以打击商品经济为基本国策。面对宋朝诸法，陆九渊不仅力主变法，还要求由本及末，寻求在更深层次变革。正是由于其工商业的阶级立场和政治诉求与同时期其他学说具有相似之处，陆九渊虽以儒家立场持否定言论，为传统儒家发声，但对待诸异说亦采取较缓和的态度。

三、朱陆“异端说”之影响与后世启示

朱、陆双方对异端的不同定义和学说与异端的不同关系、对异端的不同态度也决定了双方后学面对异端学说产生的不同发展路向。

（一）“超悟近禅”与“繁难支离”之争论

陆九渊凭依这种儒学超越而非对立于佛学的认知，以及较缓和的态度，对佛学等“异端”之学或带有一种惋惜之情。“诸子百家，说得世人之病好，只是他立处未是。佛老亦然。”[7]他承认佛教学说有高明之处，可惜只是道偏。陆九渊这种以对自己所学极度自信为前提，视异端邪说虽有大害，然亦有可取之处而不远之的言语和行为，无疑会引起众多朱熹一派理学家的不满，纷纷指责陆九渊近禅、涉禅，并将他列入异端之列。理学家们准备了充分的证据：陆九渊有先祖好释老言的背景，其人又尝见《楞严》《圆觉》《维摩》等经，对佛禅理论有较多了解，又有赞赏佛禅说理高明、修行严格等言论，还在生活中时常与禅僧交流往来，以致其学“凌虚架空”，其人颇有禅者之风。朱熹言“子静寻常与吾人说话，会避得个‘禅’字。及与其徒，却只说禅”[9]。批评象山心学虽没有主动提及禅学，但所表现出的禅学色彩却几乎与禅

僧之说别无二致。就像那些贩卖私盐的人，假以售卖鱼干，实则售卖鱼干下的私盐一般，说话遮遮掩掩。

追求易简，讲求明悟，面对弟子学习、参究佛教的行为也不予反对，更是直接以禅家机轴接引弟子。对比朱熹对异端主张严明界限、不与往来、畏之远之的态度观之，不可否认陆九渊之学确如历史评价一般带有禅学之风。陆九渊面临众人的异端指责也有自己的解释。其亦多在与其弟子的书信、交流中辨析儒释，申明立场。陆九渊将儒、佛两家的立说之本进行对比，认为儒家是公、义之说，佛家是私、利之说。“儒者以人生天地之间，灵于万物，贵于万物，与天地并而为三极……释氏以人生天地间，有生死，有轮回，有烦恼，以为甚苦，而求所以免之。”[7]通过对儒释“之所从立者”的分析，说明了儒学之道与佛学之道的不同。儒家认为人与天地相并论，单为一极而有人道。但若人不尽人道，则不足以与天地相提并论，所以人的行为由此有了是非得失，更进一步就有了教导与学习的人。所以儒家言公、言义，而主于经世。佛家认为人间甚苦，其明悟得道都是为了免去这世间的痛苦与烦恼，是全然为己的。所以佛家言私、言利而主于出世。故陆九渊得出儒学为“大中”，佛禅为“大偏”的观点，并以此说明，儒家的学问立论远在佛家之上，且观己学之所从立者是儒家之学问，而绝非禅学，以此作为对世儒的回应。

陆九渊还进一步认为这些理学家们自己就是俗学、异端。“儒者好辟释氏，绝不与交谈，亦未为全是。”[7]陆九渊并不赞同朱派理学家们完全避开释氏的做法，认为应对佛教深入研究，才能更好地批判佛教，而对于其中可行、合理的部分，还可以加以肯定和应用。因为本心之主宰已确立，陆九渊并不认为异端释言可以影响他。对理学家们攻之最多的与禅宗澄坐内观相似的静坐以存本心的方式，陆九渊亦从儒释“之所从立者”解释：若说心学与佛学在“去蔽”“顿悟”上相差不多，在“正念”“辨志”上就是截然不同的了。此差别正是上文陆九渊自言的儒释之别。心学的顿悟带来的是正念的结果，佛禅之学的顿悟是“心无念虑知真实”，带来的是无念的结果。正虑之后即可知正与不正，从而自觉去心之蔽，而后则可自立，自作主宰。正念还是有念，佛教顿悟却是教人无念虑。陆九渊以此有充足依据来说明自己并非入于禅。他批评朱熹的学问是俗学，其为学工夫是支离工夫。“天下之理，将从其简且易者而学之乎？将欲其繁且难者而学之乎？若繁且难者果足以为道，劳苦而为之可也，其实本不足以为道，学者何苦于繁难之说。”[7]陆九渊这里认为的异端，是因所学异绪而在为学途径上的繁难，他主张的以辨志、去蔽、顿悟、正念、求放心为主要方式的易简工夫，其基础在于人人都拥有的良心正性，故人人皆可为尧舜。因人之本心本无阙漏，则平日为学正念、去蔽即可。繁难之学若真是一个正确的为学之法，那即使劳累辛苦些也是可以采用的，但那实际是对道的偏离，不足以为道，只是徒增为学的困难。外求才是支离,才是增蔽。

(二)朱陆“异端说”之后世启示

程朱理学一脉力辟佛禅的态度首先严守了儒、禅之界线,强调了儒家之本位与为学过程中儒家原典之地位,是对宋朝正值盛行的心性虚玄之风的严正回应,维护了儒家的伦理纲常,此门户异端之论确实为传统儒学重新回归主流统治思想地位起到了极大帮助。然而,其严苛的辟异端之说亦招致同时期其他学派的不满与反对。孝宗时期的陈贾就曾上书:“近世士大夫有所谓道学者,其说以谨独为能,以践履为高……皆学者所共学也,而其徒乃谓己独得之……”[10]过于注重学说的门户道统传承而轻视其他学派,导致理学一脉在宋朝屡遭朝臣反对,亦没有成为统治阶级的意识形态。再者,尽管并不想承认,理学一脉毕竟也是吸收了佛禅理论的结果,其发展出的形上、性命之论亦招致如事功学派等其他儒学学派的不满。陈亮曾指责道:“自以为得正心诚意之学者,皆风痹不知痛痒之人也。”[11]实指朱子等人出入佛老而带有空谈性命、脱离现实功业之风。严苛的辟异端之说还对理学一脉的后继发展产生了不良影响。儒学自汉武帝独尊儒术后便占据了思想领域的统领地位,这相应地便会导致一方面儒学外部挑战减少,其原有的通过交流、论辩而来的生机活力降低,逐步走向繁琐僵化;另一方面,作为统治思想的儒学逐步与功利之事相绑定,学不为学而为名利。至唐已完全成为僵化的明经教条,这是儒学长期一家独大所不得不面临的问题。而从理学一脉的后继发展看,元、明的理学同样面临与从前儒学一样的问题。而“异端”说的加入使得理学一脉更加注重师门道统的传承与对其他学派异说的漠视、否认与打压,又为这一问题披上了一层合理的外衣,致使至明中以降朱子学愈发变为猎取功名利禄之学,其学的艰难繁琐亦逐渐暴露,走向僵化。

陆学一脉在辨明异端的基础上,主张的“苟有一善,亦所不废”的态度是有利于其学说长远发展的。以一颗学习、包容之心对待异己之学,不断汲优补短,从而避免了因长期独守传承、一成不变而造成僵化。“在一定意义上讲,中国传统哲学文化正是沿着象山心学所开辟的崎岖小路,最终走出了封建专制主义和纲常伦理道德联防的‘七重铁城’。”[12]当然,陆学一脉的异端之说也有其欠缺之处。面对异端学说与他人的指责,陆九渊虽以义、利辨明儒、释而坚定了儒学立场,但教学过程中多以禅机接引弟子,以及容许弟子学禅等行为也确令有的心学弟子肆意混淆儒、佛界限,而大多数弟子的研学工夫毕竟没有达到老师的程度,错误的例证与不当的引导在弟子心中藏下“祸根”,以致公然违背儒家的经世精神与伦理名教。特别是心学兴起的晚明时期,异端思潮纷起,社会的风气大乱,也与过度接容异端之学,毫无避讳援佛入儒而没有坚守儒学之边界有关。

四、结语

综上所述，朱熹和陆九渊对“异端”的不同理解，直接决定了朱子学和陆氏心学与其他学说的不同关系以及二人对待异端之学、异端之人的不同态度，亦引发世人的争论与不同评价。朱陆对于异端之学的分歧也贯穿他们的整个论学过程，并为双方后学所继承，将二人的分歧持续影响至宋明理学后期。虽然朱陆二人的争论十分激烈，但此分歧终归是儒学内部的分歧。从整个儒学乃至中国哲学史看，朱学与陆学也发展成了二人口中的“过与不及”，一个学说理论既当然应有其与它说之不同处，以此设置壁垒、划清边界、明确自身独立性，又应积极与边界外的其他诸说交流论辩（这也要求承认并尊重其他学说）从而不断丰富自身，避免故步自封而走向僵化。

参考文献

[1] 杨伯峻.论语译注[M].北京：中华书局，2006.

[2] 朱熹.四书章句集注[M].北京：中华书局，2011.

[3] 韩愈.韩昌黎文集校注[M].上海：上海古籍出版社，2014.

[4] 柳宗元.柳宗元集[M].北京：中华书局，1979.

[5] 程颢，程颐.二程集[M].北京：中华书局，2004.

[6] 朱熹，吕祖谦.近思录[M].北京：中华书局，2011.

[7] 陆九渊.陆九渊集[M].北京：中华书局，2020.

[8] 胡长海.宋明理学“异端”观的流变[J].原道，2015（1）：227-240.

[9] 朱熹.朱子语类[M].北京：中华书局，1986.

[10] 毕沅.续资治通鉴[M].北京：中华书局，1957.

[11] 陈亮.陈亮集[M].北京：中华书局，1987.

[12] 祁润兴.陆九渊评传[M].南京：南京大学出版社，1998.

“关系本体”视域下的阳明良知学新探

荀子杰，陈　静*

近年来，随着学界对于王阳明及其“致良知”之学研究的逐渐深入，学者们开始摆脱对王阳明良知学的主观主义固有印象，并尝试发掘王阳明主体“良知”背后的客体性依据。随之而来的新问题是，学者们应该如何将二者融贯地结合起来，以便更好地澄清王阳明的学说并回应他继承自理学的诸多问题意识。对此，有学者利用王阳明“良知只是个是非之心”的说法，确立一种真理性的“良知”语境以赋予“致良知”实践客体性依据。[1]还有学者则将王阳明口中的“我”等同于“我们”，认为王阳明是出于人类而非个人的立场宣扬人的主体性。[2]

这两种解读都从各自的角度对良知学中的主体性与客体性部分做出了衔接，推进了研究的深入，但与此同时，他们的问题也是明显的：前者以一种先在的“真理性语境”赋予“致良知”实践以客体性，这使得王阳明学说的本体与实践层面发生脱节。“真理”可以单方面影响并指导“致良知”实践，但“致良知”实践却不能反过来澄清和深化“真理”，这就与王阳明对诸如“世上磨”等实践重要性的强调相背离；后者将“我”解释成“我们”的做法则放弃了王阳明在个体层面的论述，殊不知任何一种实践最终仍需由每一个体来完成，“我”可以在“我们”之中，但“我们”之中却不能没有“我”。由此，“我们”终究只是一种抽象的设定性，其并没能揭示出王阳明以个体之“我”为载体的伦理实践是如何与群体或人类层面的伦理本体贯通为一的。

这两种理论中反映出的对王阳明本体与实践（工夫）关系的不完善理解并不是偶然现象。究其根本，原因在于许多学者仍然在以一种继承自理学的实在论眼光审视王阳明的“良知本体”，进而试图将“良知”定义为名词性的“真理”“人类”“存在”“大全”。事实上，阳明对于“良知”的理解已经远远超出了一种单纯的实在论。他之所以宁愿承受歧义性的指责也不愿效法此前的道学家（如胡宏、朱

---

*作者简介：

荀子杰，江苏南京人，湘潭大学硕士研究生，研究方向为法国现象学传统、心性现象学。

陈　静，四川成都人，湘潭大学硕士研究生，研究方向为明朝思想史、女性史。

熹、陆九渊等)用“心”“性”“道”这些成熟的概念定义“良知”诸层面,正在于他希望以一种关系论的姿态,超越“良知本体”的形而上限制,使得名词性“良知本体”同时就是动词性“致良知”,使得主体的伦理实践(工夫)同时就是对主体与他者、主体与物、主体与天地间的关系性伦理本体的根本认识和实现。最后,在行文结构上,本文将从阳明“良知本体”与其他道学家本体概念的对比出发,引出王阳明对本体的关系论变革,明确“关系本体”的定义,并最终呈现“关系本体”在伦理实践层面的深化。

一、王阳明对宋明道学实在本体的关系论变革——从胡宏到陆九渊

虽然我们的论述目标自一开始就是王阳明作为“关系本体”的“良知”,但不得不承认,想要在单一思想家的体系中对于“关系本体”或“实在本体”这样最为抽象的形而上范畴展开考察是十分困难的。为了研究的顺利开展,我们需要为王阳明的理论寻找一些合适的参照系:陆九渊的“心本论”;朱熹的“理本论”;胡宏的“性本论”。截至目前,学界对王阳明与朱、陆二人本体概念的对比研究较为充足,相应的结论是:王阳明与陆九渊在本体层面是一致的,共同使用与朱熹外在之“理”相对的内在之“心”作为本体概念,并坚持“心外无物”“心外无事”“心即理”等观念;但在对于“用”的考量上,二者则存在分歧,陆九渊不重视“用”的层面,倡导简易工夫,支持率性而为、顺其自然,王阳明则吸收了程朱理学的体用观,将“用”提升到了与“体”几乎同等地位的层面,强调“致良知”实践。[3]然而,此结论忽略了一个关键的实事,“体”和“用”(本体和现实)在思想家的体系中是具有一致性的,在一种共同的本体概念下,不同哲学家对于发用的考虑或许存在细微差别,却绝不至于大相径庭。于是,在发现王阳明与陆九渊对于“用”有一种根本不同的理解之后,我们有必要效法马克思区分德谟克利特与伊壁鸠鲁“原子论”之举①,重新考量陆、王的本体概念。“宇宙便是吾心,吾心便是宇宙……近世尚同之说甚非。理之所在,安有不同?”[4]学者们往往将陆九渊的这段论述与王阳明的一段类似论述相提并论,以说明二者在本体上的一致性:“心之本体即是天理……学者用功,虽千思万虑,只是要复他本来体用而已,不是以私意去安排思索出来。”[5]然而,它们间实则存在着一个细微却关

① 西方哲学史中出现过类似案例,在马克思之前,学者们往往认为伊壁鸠鲁的“原子论”(一种本体论)是对德谟克利特“原子论”的抄袭,但马克思从二者现实学说的巨大差别入手(即伊壁鸠鲁坚持快乐主义,德谟克利特却是悲观主义与宿命论者),发掘了二者在本体层面的差别,指出德谟克利特的“原子论”遵循必然性,伊壁鸠鲁的“原子论”中原子却可以在偏斜运动中拥有自由。详见马克思:《德谟克利特的自然哲学和伊壁鸠鲁自然哲学的差别》。

键的差别：从概念的包含关系入手，陆九渊的“宇宙”与“心”是同一的，但这种同一性却并不一定存在于王阳明的“天理”与“心”之间。①王阳明论述中的后半句更加证实了这一点，“宇宙”与“心”的同一说明陆九渊对“心”的理解是纯粹主体性的，而“不是以私意去安排思索出来”则表明王阳明对“心”的理解中已经渗透着强烈的客体性要素。王阳明本体概念的内在客体性特征使我们联想到南宋理学家胡宏的“性”本体，其与王阳明“良知”本体的近与别学界鲜有关注，却是我们切近王阳明对宋明道学实在本体关系论改造的关键之匙。

按照由“本体”至“工夫”的顺序，王阳明与胡宏(及其弟子)在具体论述上的相近性可以被大体分为以下三点：体用关系、人性论、慎独之心。首先，从体用关系上言，胡宏奉行“性体心用”，他说“心也者，知天地，宰万物，以成性者也”[6]“气之流行，性为之主。性之流行，心为之主”。[6]无独有偶，在王阳明对于“心”(良知)的讨论中，他同样区分了一个本体层面的“良知”与一个发用层面的“良知”，他以火和光的关系为喻认为朱熹意义上的“未发之中”(性)与“已发之和”(情)本是统一的。

其次，这种体用关系上的相近性同样也影响到了二者的人性论。“性也者，天地鬼神之奥也，善不足以言之，况恶乎？”[6]胡宏体系中颇受其他道学家诟病的是他在人性论上并不坚持孟子以来的“性善论”传统，而是开创了一种“性无善恶论”，认为“性”已经超越了世俗意义上的“善”与“恶”。就此而言，王阳明对于“心”的论述恰好可以构成对胡宏“性无善恶论”的补充。他在“四句教”中说“无善无恶心之体，有善有恶意之动”[5]，这就将一种形而上的无善恶论与形而下的善恶论结合起来了。根据汉学家耿宁(Iso Kern)的考证，王阳明还以巧妙的方式避免了性善论者对“性无善恶论”的指摘，那就是他将“无善无恶”等同于“至善”。“天命之性，粹然至善，其灵昭不昧者，此其至善之发现，是乃明德之本体，而即所谓良知也。”[7]在至善的境界，由于“圣人不再具有任何坏的意向，他也就不会意识到好的意向了”。[8]

最后，王阳明与胡宏的弟子张栻对于“慎独之心”的共同理解体现出二者在工夫论上的相近性。“是故君子戒慎乎其所不睹，恐惧乎其所不闻。莫见乎隐，莫显乎微，故君子慎其独也。”(《中庸》)对于《中庸》开篇“慎独”的理解一直是宋明道学工夫论之争的焦点之一。其中比较著名的观点来自朱熹，他认为应该将该句中的前半句与后半句分开理解，区分出“有事”与“无事”两种状态。他写道“慎独是已思虑，已有些小事，已接物了。‘戒慎乎其所不睹，恐惧乎其所不闻’，是未有事时”。[9]

① 当我们在概念上完成“S是P”这样的判断时，其含义不一定在于“S与P同一”，另一种可能的含义是“S的概念包含于P的概念”，如“苹果是水果”就表明“苹果的概念包含于水果的概念”，但如果这个判断同时可以相反的形式表述为“P是S”那么其含义一定为“S与P同一”。

对于朱熹的理解,张栻与阳明不约而同地站在反对的角度。张栻在与朱熹的书信中给出了这样的反驳:“今以不睹不闻为方寸之地,隐微为善恶之几,而又以独为合。是二者,以吾之所见乎此言之,不支离否?”[10]而在《传习录》中王阳明亦提出了一种颇为近似的反驳:“先生曰:‘只是一个功夫,无事时固是独知,有事时亦是独知。’……‘今若又分戒惧为己所不知,即工夫便支离,亦有间断。’”[5]

相较于王阳明与胡宏理论的直观相近,二者的理论差别实则更令人困扰。此前不乏学者对此展开过探究,随之得出的结论是“心性一元论”与“心性二元论”之别。即,胡宏体系中“心”与“性”是两个不同的概念,而王阳明并不区分“心”“性”,往往“心”“性”“道”混用。[11]这一结论无疑是表象性的,然而,即使是此表象性的结论也未必能完全站住脚跟。著名哲学家牟宗三就认为胡宏的“心性二元论”实际上是朱熹歪曲的产物,真正来说,胡宏实际上与王阳明一样,坚持“性体”就是“心体”。[12]事实上,虽然王阳明与胡宏身处的时代相隔已有数百年,二者在师承与亲眷上也并无联系,但从王阳明的现存文字中,我们可以发现他对于胡宏及其弟子的学说并非一无所知。他曾明确提及朱熹与张栻之间的书信往来[7]以及朱熹对胡宏的理论批评。[7]由此,当阳明在了解胡宏及其弟子所遭受的批评后,仍然采取一个与后者相近的本体论立场(即以内在之“心性”反对外在之“理”),这必然意味着王阳明已经完成了对后者理论中的某(几)处薄弱环节的深度改造,以使其不惧朱熹的批评,甚至可以反过来批评和修正朱熹的理论。

“形而上者谓之性,形而下者谓之物。性有大体,人尽之矣。一人之性,万物备之矣。”[6]“未发之时,圣人与众生同一性;已发,则无思无为,寂然不动,感而遂通天下之故,圣人之所独。”[6]“六君子,尽心者也,故能立天下之大本。”[6]根据胡宏的“尽心成性”理论,他肯定每个人乃至每件事物,与生俱来都具有完备的、超越世俗善恶的“性”。但由于“性”是潜在、寂静和未发的,个体实践所真正依赖的实则是现实、活动和已发的“心”。在此意义上,个体的“尽心成性”就是通过一系列的伦理努力成就(完成)个体与生俱来的“性”(使“心”向“性”复归),进而成为六君子(尧、舜、禹、汤、文王、孔子)那样的圣人。然而,正如朱汉民教授指出的,胡宏对于“性”与“心”的安排暗藏着一个致命的隐患,那就是如果“性”是与生俱来或天授的,那么个体与个体,人与物之间的差异性应该被如何理解。[13]对此,胡宏的辩驳是将“性”与“性体”分开而论,区分出先天之“性”与后天之“性体”。他说:“论其体,则浑沦乎天地,博浃于万物,虽圣人,无得而名焉;论其生,则散而万殊,善恶吉凶百行俱载,不可掩遏。论至于是,则知物有定性,而性无定体矣,乌得以不能自变之色比而同之乎?”[6]胡宏的解释随即带来了另一个理论危机,那就是包含“善恶吉凶”的后天“性体”又从何而来。如果“性体”来源于“性”本身,这意味着胡宏赋予了世间之恶以一种本体论上的合理性和正当性,使得"性本论"违背了儒学作为伦理实践之学的初衷。如果"性体"有"性"以外的来源,那么这个来源与"性"在本体论上的优先性又该如何辨别? 这无疑动摇了"性本论"的根基。

"夫心之本体,即天理也。天理之昭明灵觉,所谓良知也。"[7]当王阳明作出"良知即天理"这一根本性论断,他看似回到了与胡宏一致的先验论道路上,实则此"先验"非彼"先验"(先天)。王阳明以他对孟子关系论的继承和发扬成功避免了胡宏"性本论"中的那个根本困境。在关于胡宏"尽心成性"理论的研究中,有部分学者试图将这一理论与孟子的类似表述"尽心知性"相提并论,并以此说明胡宏对孟子的理论传承。殊不知一字之差差之千里,"尽心成性"与"尽心知性"的表述恰恰说明了胡宏与孟子在"心""性 "问题上有根本不同的理解。"成"意味着"成就"或"完成","知"则意味着"知道",从存在的角度分析,我们会发现"完成"与"未完成"是两种不同的存在状态,而"知道"与"不知道"只是对于同一种存在状态的不同理解。在此意义上,孟子的"心"与"性"在本体层面是同一的,只是在认识层面,其可以表现为"遮蔽"或"未遮蔽"的状态,这与胡宏在本体层面就区分为二的"心"与"性"完全不同。(不仅如此,即使牟宗三将"成"解释为"呈现"以说明"心"与"性"的同一性,他也未能完全解决胡宏的困境。[12]由于"性"仍然是实体的,当超越、无限之"性"与内在、有限之"心"相结合,这实际上意味着牟宗三断绝了"性"与其超越本体间的关系,而将其贬低为某种经验之"性"。)可惜的是,这种差异并没有受到学界的广泛关注,以至于许多学者又将对孟子的误解平移到了孟子的继承者王阳明处。在《有无之境——王阳明哲学的精神》中,陈来先生就曾认为良知之先验性并不意味着人生落地立即可以现实地获得它的全体,它有一个从潜在而发展、最终全部实现的过程,正如人的某些生理本能也是由潜在逐步实现一样。[14]而耿宁在《人生第一等事——王阳明及其后学论"致良知"》中也给出了一个近乎一致的理解,认为王阳明的第一个"良知"概念与孟子一样意味着一个"必须得到'扩展'和'充实'才能发展成德性"的"开端"(萌芽、起点),或者一个"必须得到'穷尽'才能达到其完整的德性"的"良心"。[15]

事实上,孟子与王阳明并不是在"潜能"与"现实"的意义上将本体层面和现实层面的"良知"分开,而是在关系论中将二者统一。"人之所不学而能者,其良能也。所不虑而知者,其良知也。孩提之童无不知爱其亲者,及其长也,无不知敬其兄也。"(《孟子·尽心上》)对于孟子表述中的"不学而能"与"不虑而知",学界主流的理解是:既然不需要学习,不需要思考,那就说明这种能力、知识是与生俱来的,是先天的。胡宏就是这种理解的典型代表,他说:"人之生也,良知良能,根于天,拘于己,汩于事,诱于物,故无所不用学也。"[6]而为了说明这种先天能力和知识的现实化,后世学者们进一步借鉴了亚里士多德的"潜能"与"现实"的模式来解释。但此看似合理的解释,实则预设了一个实在论的前提,那就是孟子所说的“能”和“知”都与胡宏的“性”一样是某种实体性的东西。如果我们不采取实在论的态度,而采取关系论的态度,我们则能收获一种完全不同的解释。在关系论中,“不学而能”、“不虑而知”并非意味着完全的不作为,只是等待天的授予,相反,它意味着孩童们不用主动地去学习、去思考,而是只需要正常地行为做事就可以了。这是因为我们能力的培养,知识的获得,已经蕴含于每一个体与他人他物的关系中。即如孟子所说的,孩童对亲属的“爱”并不需要主动的思考与行动,它是孩童与其亲属本身的“亲亲”关系所提供的。只要孩童处于与其亲属的日常关系中,那么“爱”就是自然的,相反,如果这种关系本身就不存在了,那么任何外在要求下的“爱”都会变得畸形。对于孟子的关系论,梁启超的认识是深刻的,他指出中国禅宗之所以不同于印度唯识宗,正在于前者对于“心”这一范畴的理解吸收了孟子“万物皆备于我,反身而诚,乐莫大焉”(《孟子·尽心上》)的思想,发觉“心”并非按照唯识宗的理解是一个需要被摒弃的纯粹虚灵之物,相反,它同时是与天地间万事万物的联系,并因此是值得被拓充和发扬的。[16]

二、王阳明“关系本体”的具体内涵——儒家“天人合一”之重释

在上文中,我们通过比较王阳明与胡宏在核心观念上的近与别,引出了王阳明继承自孟子的关系论理路,以及在此思考方式下诞生的本体论新形态——“关系本体”。不过,究竟什么是关系论,什么又是“关系本体”,这仍有待于进一步说明和界定。值得注意的是,虽然王阳明“关系本体”的直接思想来源是孟子思想中的关系论,该理路却并非孟子首创,真正来说,它早已根植于儒家思想的学理脉络中。“夫‘易’者,变化之总名……莫非资变化之力。”[17]孔颖达对“易”的注解良好地揭示了儒家传统在本体(宇宙)层面对“生生”关系的重视。而在伦理实践层面,孔子对“仁”,孟子对“亲亲”的强调,亦是以伦常关系为前提的。如此,我们不禁要问,当王阳明在孔孟之后重提“关系”,他的“关系本体”与此前儒家的传统关系论有着何种区别,以及为何王阳明之前的宋明道学家没有继承关系论的传统而是宁愿陷入实在论的窠臼中呢?

的确,如这两个相互关联的问题向我们暗示的那样,传统儒家关系论存在固有弊端,那就是面对唐宋时期佛老之学在内在性(心性)层面的挑战,固守于外在性(关系)的传统关系论将无从作出回应。后者仅仅将关系视为个体生活的外在环境,却不考虑外在关系与内在心性之间的交互性。在《易经》中,“生生”关系所涉及的仅仅是天地万物的自然流变,即使与人相关,往往也止步于天对人的单方面影

响,个体意识几乎没有展开的空间。而到了孔子处,他对"仁"的不同论述途径表明孔子已经逐渐意识到内在性的维度。一方面,孔子强调"仁"之为外在关系的那一面,他说"弟子入则孝,出则弟,谨而信,泛爱众,而亲仁"(《论语·学而》);另一方面,孔子也意识到"仁"在关系之外还应该成为个体思考和行动的目的,于是他又言道"仁远乎哉?我欲人,斯仁至矣"(《论语·述而》)。孟子则在孔子的基础上又向前推进了一大步,他所提出的"四端说"正是一种统合外在性与内在性的尝试,在"四端说"中,"仁""义""礼""智"不仅是人与人相处中的关系范畴,其同时也是个人的道德准则与道德目标。令人惋惜的是,孟子对"四端"的非体系化陈述与刻意内在化处理往往使人忘记了"四端"仍有一个外在的关系性来源,这导致在王阳明之前的很长一段时间里,学者们(以理学家为最)错误地继承了孟子的思想,将"四端"当成了先天实在论的典型。

从周敦颐到二程到胡宏再到朱熹,宋明道学越是在心性论上多迈出一步,它就越是远离儒家传统的关系论而趋向实在论。究其根本,是因为当时的道学家所坚守的内在性之"一"与外在性所反映的主体间之"多"是彼此矛盾的。于是,当王阳明想要继承孟子统合外在关系与内在心性之遗志,将儒家传统的伦理(宇宙)关系引入心性层面并为个体之心性奠基,他的首要任务就是克服上文提及的"一"与"多"的分裂。而他寻找到的切入点是宋明道学中的关键概念之一——"体"(本体)。根据耿宁的考察,王阳明往往在两重意义上使用"体"这一概念。第一重意义是在"体"与"用"的对应关系中,将"体"理解为"实体"而将"用"理解为"作用"。这也是宋明道学对此概念的主流理解,其最早或可追溯至佛老的概念体系。[①]第二重意义则为王阳明的独创,意在表达"一个在完善状态中的实事",耿宁对它的翻译是"eigentliches(wahres)Wesen"(本己本质)。[②]不难看出,王阳明提出的第二重意义本质上是对第一重意义的去实体化,使"体"(本体)不再为一种实在性的"一"所束缚。不过仅仅是这样的处理仍无法动摇心性论所要求的世界一元性。于是,王阳明更进一步的目标在于改造程颢所提出的"万物一体"学说。事实上,虽然王阳明之前的宋明道学已经放弃了传统儒家的关系论范式,但他们仍然需要对此前典籍中涉及的伦理(宇宙)关系作出合理解释。这就促成了一系列对关系的实在化处理,其中又以程颢的"万物一体"说为最(其他道学家如胡宏、朱熹等对此皆有继

① 对于"体""用"的具体出处学界仍存在争议,陈荣捷主张这一对概念是由新道家代表王弼提出的,而耿宁则认为其与梵文中所对应的名词和动词的语法区分有关。详见耿宁:《人生第一等事》,北京:商务印书馆,2014年,第275页。

② "本己本质"意在表达一种真正的、完善的或具有本真性的本质状态。参见耿宁:《人生第一等事》,北京:商务印书馆,2014年,第275—276页。

承)。“仁者,以天地万物为一体,莫非己也。”[18]“生生之谓易,生则一时生,皆完此理。”[18]从程颢的文字中,我们可以发现他对于传统儒家的伦理关系(仁)与宇宙关系(生生/易)的处理手法是一致的,那就是将作为“多”的关系同一化为实体性的“一”,赋予个体的心、意识、世界“一个”明确的起源。

回到王阳明,当他将“万物一体”中的“体”以去实体化的方式理解为“本己本质”,他就为程颢的学说打开了一维全新的意义空间。“夫人者,天地之心,天地万物,本吾一体者也。……良知之在人心,无间于圣愚,天下古今之所同也。”[5]此处,“仁”的一体性并非意味着万事万物成为一个“实体”。相反,它意味着主体与他者、吾与万物处于共同的本己本质中。与此同时,这也暗示了这个非实体性的本己本质就是人与人、人与物、人与天地之间的关系。而到了王阳明的理论末期,他干脆放弃了可能产生歧义的“一体之仁”,直接将“良知”表达为关系论中的同感或“真诚恻怛”。他说:“盖良知只是一个天理自然明觉发见处,只是一个真诚恻怛,便是他本体。”[5]

三、王阳明“关系本体”之目标——对理学人性论与工夫论的深化

依上文言,王阳明提出“关系本体”的理论目标和现实目的仍在于解决儒家一直以来关注的伦理实践问题,具言之,这将表现在两个具体的领域中——人性论与工夫论。其中,人性论关系到伦理道德的合法性问题,而工夫论则关系到伦理实践的可实行性。

(一)“关系本体”对形上层面“无善无恶”与形下层面“有善有恶”的调和

从孟子以来,儒家哲学的人性论就一直关注于如何从“性善论”出发解释世间之恶。这一问题在南宋时期获得了突破性的进展,通过对本体领域的开辟,当时的主流道学家将孟子一般意义上的“性善”转化为特指本体(形而上)领域的“性本善”,而将“恶”的出现解释为现实(形而下)层面的人为性,这就保证了儒家形而上之“天”的纯洁性。①按照这一路线,胡宏在本意上并没有妄图挑战孟子“性善论”的传统。相反,他之所以将“性”表述为“无善无恶”,是因为他看到了主流道学家的表述中所蕴含的深层理论问题。“性也者,天地鬼神之奥也,善不足以言之,况恶乎?”[6]在这句话中,胡宏的真正含义在于,当主流道学家们开辟了一个全新的本体(形而

① 朱熹综合了当时的主流观点,并将这些观点发展至大成,见《四书章句集注》,《孟子集注》卷十一,“性者,人之所得于天之理也;生者,人之所得于天之气也。性,形而上者也,气,形而下者也”。陈林:《“性善”与“性本善”:孟子朱熹人性论的两条理路》,《理论月刊》,2014年02期,第38—44页。

上)领域并试图安置孟子之“善”,他们去言说此“善”的概念体系却仍然沿用自世俗意义上的善恶对立,这无疑又将形上之“善”拉回到了世俗层面。在此意义上,本体之“善”要想拥有一个独立、超然的地位,此概念本身以及随之衍生出的概念体系必须超越世俗意义上彼此对立的善恶。可惜的是,胡宏滞后的实在论“性体”又一次拖累了他超前的眼光。由于他坚称超越之“性”是以天授的方式散布人间的,他就无法解释从一个超越之“性”中为何会后天地生出“恶”的性体,这是否意味着在那个超越之“性”中已然具备了恶的萌芽呢?这无疑留给了后世道学家进一步歪曲和污名化其“人性论”的把柄。

当王阳明试图沿袭胡宏的道路以不同的概念体系言说本体层面的“无善无恶”(至善),他就必须说明“无善无恶”与世俗对立的“有善有恶”之间的关联,并给出从“无”到“有”的合理解释(为了符合孟子的性善论,“恶”的出现必须是人为性的,而非在本体层面就已然潜藏)。为此,王阳明的努力是双方面的:一者,他聚焦于解构世俗意义上相互对立的善恶结构。“天地生意,花草一般,何曾有善恶之分?……此等善恶,皆由汝心好恶所生,故知是错。”[5]二者,他试图重建一个新的价值结构以取代原先的“善恶”关系。他说:“良知只是个是非之心。是非只是个好恶,只好恶就尽了是非,只是非就尽了万变。”[5]

将王阳明两方面的努力相结合,他的意图与指向性已经跃然纸上。在这里,“是非”不应该按照日常语言解释为“对错”,因为“对-错”与“善-恶”一样仍然是相对主义的。王阳明“是非”的真正含义是“存在”(存有)与“非存在”(不存有)。通过对孟子的继承,王阳明已经揭示了本体论意义上真正的、超越的“善”就是人与人、人与物,人与天地间的那种先验而不先天的伦理关系,那么在现实意义上,对人的道德评价准则就在于他是否在其内心中存有这种先验关系。即,一个真正“善”的人,同时就是根据他所身处的、与他人他物的伦理关系而行动的人,而一个“恶”的人,则意味着他被其发达的自我意识所迷惑,只根据自己内心的主观标准来评定善恶。就此而言,王阳明紧接着认为世界上并不存在本体层面的恶人,因为他或多或少总会处于与其他人的伦理关系中。而在论及现实道德评价体系中的恶人时,王阳明说:“良知在人,随你如何不能泯灭,虽盗贼亦自知不当为盗,唤他作贼,他还忸怩。”[5]在王阳明看来,贼的忸怩就是他的“良知未泯”,也是本体之“善”超越现实道德评价之“恶”的最佳体现。

(二)“关系本体”对“察识”(伦理认识)“涵养”(伦理实践)的统一

宋明道学在工夫论上的重要困境之一是“察识”与“涵养”之争。胡宏从其先验论的理论起点出发,认为人的一切伦理性或道德性都是“天”以“知识”或“能力”的形式赋予我们的。在此意义上，个体的伦理努力就在于不断探求、发掘、穷尽我们受各种外物杂念困扰的心，以使得它回到“性”的本真或起源状态（“良心之苗裔”）[6]。他说：“视万形，听万声，而兼辨之者，则人而已。睹形色而知其性，闻声音而达其义，通乎耳目之表，形器之外，非圣人，则不能与于斯矣。”[6]在胡宏看来，一个人是否为圣人的标志，就在于他是否从表象式的感性见闻进入“智性直观”①阶段。此时，圣人将真正摒弃形、色、声等外物干扰，获得对他者和自身的伦理本真性判断。其“心”同时也脱离俗物之困扰成为与“天”相通的“性”。在《南轩集》中，张栻进一步发扬胡宏之学。他不仅给出了与其师近似的关于圣凡之别的判断，通过“察识”一说，他还开辟了一条由凡入圣的工夫路径。“天心粹然，道义俱全。是曰至善，万化之源。人所固存，曷自违之？……四端之著，我则察之。岂惟思虑，躬以达之。”（《艮斋铭》，《南轩集》三十六）在张栻看来，胡宏学说中预设的“先天知识/能力”在人心中的现实形态就是孟子意义上的“四端”。通过率先察识四端之流露，常人而后可以凭借涵养工夫完善四端最终成为圣人。[19]胡宏与张栻的学说都遭到了朱熹的批评，朱熹认为胡宏“不事涵养”而张栻重察识而轻涵养，二者都只把工夫做在“已发”之心上，却忽视了对未发、寂然之性的工夫。而这一批评的实质是朱熹从经验论出发认为任何可能的知识（理）都是与事物（气）混杂而成。人们从一开始就要展开经验实践（其向外表现为“格物”，向内表现为“涵养”），而后才可能“察识”（认识）经验实践得出的知识。

对于王阳明，无论朱熹和胡宏在各自立场上提出多少理由，抑或者如张栻之举认为二者“相须并进”，所得出的结果都只能是一种权宜之计。这是因为“察识”“涵养”之争背后的根本问题是伦理认识与伦理实践、知与行在工夫论上的分裂。于是，王阳明的批评必须落实到此分裂在本体层面的根源：“工夫不离本体，本体原无内外。只为后来做工夫的分了内外，失其本体了。如今正要讲明工夫不要有内外，乃是本体工夫。”[5]的确，在实在论背景下，一旦胡宏、朱熹或张栻采取了一种或内在或外在的本体立场并向下铺设工夫论路径，他们的工夫也就相互对立起来，这无疑是对无内外之分的“关系本体”的遮蔽。而通过对“关系本体”的揭示，王阳明对工夫的理解已经超越了传统意义上“先验”或“经验”概念的内涵范围（从某种意义上说，它既是先验又是经验的）。一方面，传统“经验”预设了主体“去经验”的主动性，其在朱熹处表现为“去格物”或“去涵养”。但在王阳明和孟子的关系论中，伦理知

① 康德在《纯粹理性批判》中提出的概念，后在东西方哲学中皆有广泛应用，本文取它的第三层含义，以表明这种直观能够把握感性要素背后的理性“形式”，详见邓晓芒：《康德的“智性直观”探微》，《文史哲》，2006年第1期，第119—125页。

识的习得在本源或现象学的构成意义上实则是“被动”的。其被动性使经验在时序上先于一般意义上的“主动”经验，是为先验。另一方面，传统“先验”预设了一个完全封闭的内在性世界，即如胡宏学说中所体现的，主体的伦理努力不需要与他人他物关联，而是只需要探索和回归“天”已然赋予他的“性”就足矣。在此意义上，王阳明与他人他物相关联的“关系本体”又可以被认为是经验性的。

本体论上的变革赋予了王阳明进一步在工夫论上统一“察识”与“涵养”的可能性。在王阳明看来，实践层面的“致良知”（实现良知）同时也是认识层面对“良知”的去遮蔽或澄清。在《与陆清伯书》中，王阳明写道：“凡人之为不善者，虽至于逆理乱常之极，其本心之良知，亦未有不自知者。但不能致其本然之良知，是以物有不格，意有不诚，而卒入于小人之归。故凡致知者，致其本然之良知而已。”[7]结合上文“人性论”部分的分析，我们可以得出一个基本结论：对于王阳明，“良知”的遮蔽或丢失并非意味着作为关系本体的“良知”不实存①，相反，其意味着自身实存着的良知并没有被我们的意识采纳，没有从实存转变为意识领域的“存在”（存有）。换句话说，王阳明发现真正意义上的“知”与“不知”并非一个名词性的自然状态，而是意志选择下的“去知”或“不去知” 。这一点在《传习录》中得到了进一步论述：“所谓‘人虽不知，而己所独知’者，此正是吾心良知处……故致知者，意诚之本也。”[5]

四、结语

“为天地立心，为生民立命。为往圣继绝学，为万世开太平。”②如果要用一句话总结王阳明对宋明道学“本体”的关系论改造（关系本体），引用这句王阳明幼时的立志之语将是再合适不过的了。“为天地立心”，意味着王阳明将传统儒家的（宇宙）伦理关系引入心性层面，将外在的关系内化为个体意识（心灵）对关系的理解；“为生民立命”则意味着王阳明将理学心性论放回到关系论的背景中，使内在的心性获得一个外在的现实关系的起源——天命。如此，个体首先“自在”地置身于外在的伦理（宇宙）关系中，而这种时时刻刻的“在场”使得他在现实的生活过程中逐渐理解他所置身的关系，进而他将开始“自为”地承认自我相较于关系的从属性并承担起关系本身所赋予他的伦理使命。此从“自在”向“自为”的过渡，即意味着一个主体、圣人、大英雄的诞生。而当王阳明的理论能够指引所有个体完成这一转化，他

---

① 我们在后海德格尔的意义上运用这一概念，表明一种独立于人之意识的“自身存在”，以与意识领域的“存在”相区分。

② 原句出自北宋张载，王阳明幼时于私塾上课时引用此语立志。

就真正实现了"为往圣继绝学,为万世开太平"的夙愿。令人惋惜的是,即使王阳明对"本体"的关系论改造相较于此前的宋明道学已经迈出了惊人的一步,他距离自己幼时的志向依然遥远。这是因为"关系本体"仍然存在着一个重大隐患。如我们所指出的,由于王阳明放弃对关系背后的"天命"作更进一步的追索,而是选择简单地将关系理解为"天下古今之所同也"的恒常性,其作为"关系本体"的"良知"中就不存在历史性的维度以及此维度在个体内在性中的时间意识展开。事实上,主体之所以为主体,不仅因为他能够承认并承担起其所置身的关系,更重要的是他可以在时间性和历史性中通过主体之理性判断何种关系符合当前的时代要求并以此推进关系本身。于是,要想在现时代接续和发扬王阳明的学说,如何将无时间的"良知"置入时间与历史将是学者们必须考虑的问题。

参考文献

[1] 董平.主体性的自我澄明:论王阳明"致良知"说[J],中国哲学史,2020(01):66-73.

[2] 沈顺福.王阳明与传统儒家思想的终结[J].文史哲,2023(01):115-123+167.

[3] 沈顺福.论陆、王心学之异同[J].哲学研究,2017(10):46-54.

[4] 陆九渊.陆象山全集[M].北京:中国书店,1992.

[5] 王阳明.传习录[M].陆永胜,译著.北京:中华书局,2021.

[6] 胡宏.胡宏集[M].北京:中华书局,1987年.

[7] 王阳明.王阳明全集[M].上海:上海古籍出版社,1992.

[8] 耿宁.心的现象——耿宁心性现象学文集[M].北京:商务印书馆,2012.

[9] 朱熹.朱子语类[M].北京:中华书局,1986.

[10] 黄宗羲.宋元学案[M].台北:洛河图书出版社,1975.

[11] 万鹏鹏.胡宏心性论的主要内容及特征[J].哈尔滨学院院报,2018(12):31-34.

[12] 牟宗三.心体与性体[M].长春:吉林出版集团有限责任公司,2013.

[13] 朱汉民.胡宏道学体用论的双重意义[J].求索,2022(03):73-82.

[14] 陈来.有无之境——王阳明哲学的精神[M].北京:人民出版社,1991.

[15] 耿宁.人生第一等事[M].北京:商务印书馆,2014.

[16] 梁启超.饮冰室合集[M].北京:中华书局,2015.

[17] 王弼、韩康佰注.《周易注疏》[M].北京:中央编译出版社,2013.

[18] 程颢、程颐.《二程集》[M].北京:中华书局,2004.

[19] 王丽梅.察识与涵养相须并进——张栻与朱熹交涉论辩管窥[J].孔子研究,2006(04):41-50.

【外国哲学】

论发生现象学“历史的先天”的双重难题与澄清可能

喻飞扬*

一、引言

现象学对于时间的讨论最早出现在《逻辑研究》的第六研究中[1]，胡塞尔提出意向行为的动态联系，先验转向后，动态的意向性行为又被理解为在时间上展开的相合关系综合(前摄、当下和滞留)，这种综合的三相位在意识流中的复合关系是现象学“历史”产生的前设条件。然而，后期发生现象学中的历史性研究却并不是在意向行为的角度展开的，毋宁说，是内时间意识分析的一种延伸，它仍然服务于原先绝然明见性的目的，遵从先验主体性的原则，但是其本旨已经截然不同。《现象学的观念》开头做了一种区分，朴素实在论立场的“自然的思维态度”与将对象内在于意识，即世界被还原为意识自身显现的“哲学的思维态度”[2]，先验转向正是基于后者，它试图将直观的明见性趋近于主体性。任意直观本身不会是直接的直观，而是包含复杂的内外差异，它实际上承认了如此命题：意识时刻在对自身历史性地显现与掩匿，这种矛盾关系里恰恰存在着绝然明见性的可能。《纯粹现象学通论：纯粹现象学和现象学哲学的观念》第一卷中他承认这种显现与掩匿的双重给予关系本身不是纯粹的，而是在某一背景或者视域下的复合产物[3]。基于这一问题，胡塞尔引入了发生现象学的崭新维度，在内时间意识流的层面区别了主动的综合与被动的综合，他们的意向相关项分别为“科学”与“生活世界”。在生活世界的讨论中，当触及意识活动中“历史的先天(historische apriori)”的问题，在两个层次上发生现象学出现了一种内在张力，由此产生了两个复杂的困难：如果历史积淀总是要来自它自身，那么最初的历史如何能够无中生有？进一步说，这种无限生成的意识流始终向未来敞开着，作为流动的“理念”之河，是否无法越过(或者区别)它的历史内容而把

***作者简介**：喻飞扬(2003—)，男，湘潭大学哲学与历史文化学院(碧泉书院)历史系在读本科生。

握它本身？从胡塞尔的时代来看，他所面临的问题可以说是二十世纪欧洲哲学思维的一种根本困境，反映了人们在历史主义与客观主义的相对冲击下的无所适从。

本文第一部分阐释了历史的先天活动的两个环节，即原初意义与意义积淀的活动，并指出它们的联系与作用，进而说明这一理论所面临的两重内在困难。第二部分尝试从奠基关系的角度构建原初意义与意义积淀的合理关系，并基于胡塞尔后期手稿中关于历史的先天的相关内容，试图对它的困难进行重新讨论，提供一种可能的澄清思路。第三部分讨论历史的敞开问题，引入胡塞尔对历史问题的目的论思想，更进一步回答历史的先天难题，最后展开对胡塞尔历史视域问题的后续讨论。

二、原初意义与意义积淀

胡塞尔曾批评康德“缺少直观显现方法”[4]，认为康德离开了自休谟、洛克以来的发展路线①，因为他并没有忠实于这一要求——彻底的无前提性和预先被给予性，而在批判哲学中保留了预设与前提(如物自体)。现象学最初的口号“回到实事本身”正是回应这种无前提性的要求，但是由此而来主体性与明见性的矛盾让现象学的目光不得不回到周围的生活世界上来，它作为预先被给予性的意识领域存在一种“不言而喻”的意义构造物，这种预先构造物在现象学中是先验还原所未曾涉及的。1918年6月，在胡塞尔至纳托普的一封信中，他提到，“早在十多年前②，我已经克服了静态的柏拉图主义的阶段，形成了作为现象学核心课题的超越论发生的观念”[5]。所谓“发生的观念”在这里是历史的先天对于意识直观的构建，可以以此讨论生活世界中的历史意义的双重含义，即发生学中的原初意义与意义积淀。

原初的意义历史在生活世界中发挥功能，它实质上是一种经理念化的纯主观的领域。首先它对于一般的科学的理论来说是主观的，任何基于理性的研究都必须具有一个在此之先的前理解，这种前理解是科学进步的本质条件，也是科学史的意义。其次对于其他一切前科学的经验形式的意向性活动来说也是主观的，任意意向性的相关项都有相应的原场所，在它被给予直观以前就存在这一意义历史，这一角度的理解有些类似于海德格尔的“上手状态”。

另一方面，原初的历史意义以外，意识自身还有一种生成的历史。胡塞尔提

① 胡塞尔认为康德的哲学是一种“新式的超越论的主观主义”，并没有真正地解决休谟的问题，因此他不是休谟的后继者[4]。

② 发生现象学的转向实际上是写这封信的几年间发生的，从“十多年前”所留下的大量的讲稿、笔记可以看出，那时胡塞尔思想的兴趣应该主要在现象学的认识论。

到,“现在就不是世界本身,而唯有在给予方式的变动之中不断地预先给予我们的世界,才成为我们的主题”[4]。生活世界始终处于主观构建的活动之中,因为它的原素材都是在历史的意向性活动中积累的,这些意义的生成并非彻底随机的,而是在其自身的被给予活动中,即素材与产物的交替过程中被获得。

原初的生活世界与历史世界的差异在于,前者实际上是“意义的历史”,在当下意义被给予之先而存在——这恰恰也是历史的先天的存在方式。在给予活动中不断改变的“视域”和“距”的限制之下,直观还在这种被给予方式之外而被意义历史所规定,这种规定是任何直观形成所需要的领域,因为这是完全主观的理念化领域。在先验还原的环节中,我们从生活世界的预先被给予性进入到另一种预先被给予性的主观领域,即先验自我,而现在发生现象学要求将这一过程逆转,我们转而从先验自我的主观领域进入更深层次的生活世界的主观领域,这不单单是方向的变化,本质上是在先验还原的台阶上重新考虑先前并未关注的背景与预设。同时,李云飞先生认为:“尽管较低级的先验意识层次通过被综合进更高的层次而不断被更新,但它们在这些更高的层次中并未丧失,而是随时可为反思的目光所指明。”[6]先验现象学的前摄—当下—滞留意向范式结构不仅是在这一原初意义之上的分析,反过来意义历史也在其中不断更新。更进一步,胡塞尔曾将它描述为一种自身封闭的主观领域,它的存在方式首先是在一切经验中预先被给予,以另类的方式发挥作用,“因此到处都是不可代替地存在着”[4]。这里的“封闭”更多意在表达它的理念化方式,同时胡塞尔在更多的场合曾使用另一种容易造成误解的表达,即在发生学的视域下将原初的生活世界描述为完全敞开的、生成的,强调这一过程的连续性、流动性。事实上这仅仅是因为描述对象的不同而有所侧重,并非对象本身的矛盾。因此,无论何种侧重的表达,意义历史的原初意义都始终在意向活动中发挥作用,以一种超越当下直观的方式与事实相统一。

显然,这种作用关系首先需要原初意义本身的积淀,因为空的历史(空的历史也无法被理念化)没有意义,因此意义历史的生成必然与事实沉淀存在某种联系。任何一种意向活动在成为主观事实的同时,这种事实作为一种经验又动态地参与到生活世界的构成活动中,这一过程与历史的意义息息相关。这里包含了不同种类的经验,包含了体现在诸实践中的经验、反映在心理内容上的经验,这些经验在意向活动中“给自己造成了实践交往、评价等等的亲密性视域”[7]。

德里达在《胡塞尔<几何学的起源>引论》中提到,“观念对象性的历史性即它们的起源(origine)和传统(tradition)……对含义(sens)意向性的重新激活——从权利上讲(endroit)——必定先于对事实的经验规定并成为这一规定的前提”[8],起源和传统共同作为一种前规定在意向性以前发生,那么二者的含义实际上在这里是被混淆的。因为起源是完全的前规定,不会被“积淀”,除非是作为传统参与积淀,只有传统才会流变,任一意向性的充盈必然有历史的先天参与,而历史的先天积淀必然有滞留意向性的成就,此时的德里达认为,胡塞尔先验意向性的“先天性”同时也是“历史性”的。

自柏拉图、笛卡尔乃至康德以来的这条哲学脉络中,任何被视为先天理念的都是“停滞”的、在任何时间流中都是绝对统一的。应该说这是一种传承自古希腊文化的信条,即“流变为虚妄,永恒即真实”。实际上,这种信条并不是无理的信仰,因为任何理念如果可以历史性地流变,那么一来它是无法被把握的(这一点后面会谈及),二来“先天性”是不存在的,因为“先天性”的意义原本就在于他是绝然的事先被给予而充斥于流变中的基底,如果它甚至可以被它所“发生”的东西所规定,它自己就不是先天的。胡塞尔在1911年就已经意识到这一并不复杂的问题,任何基础性的东西只要被证明它与经验发生一种可交互的关系,它就很难重新作为基础被考虑[9]。因此,在《经验与判断》导言中,胡塞尔将之描述为“预先被给予的世界的先验主体性”[7]的两个层面,先验自我或者意识主体不可能是无历史、无积淀的“空”的主体,而是时刻自我构造与自我发生的历史性的自我。这种对于意识作用的追溯最终指向一个有别于具体生活世界的可能世界,胡塞尔将之描述为一种广泛参与意识作用,或者说“认识的理性研究世界构造的作用”[7]的先验逻辑。

我们看到,胡塞尔的回答仍然面临两个根本的诘难。

首先,如果历史的先天不存在超越论的积淀,那么似乎总有意向性构造对象在“空”的积淀上展开,因为意向活动不可能在任何前摄中完成某种积淀以实现当下的构造。历史的先天是历史世界(或者说前科学的与具体的生活世界)的可能性条件,如果可能性条件反而要从历史中索求,这何以可能?其次,如果原初意义与意义积淀必须相互充实来获得意义,那么如何得知我们对先验自我的还原不是在追问意义历史的内容?因为,敞开的“赫拉克利特之流”不可能凝固成为任何理念,所以我们难以把握这种意向的前提性条件,以至于我们的任何先验还原都只是对意义积淀的追问,而不是原初目的上对这种理念化成就本身的讨论,即主体的自身思义毋宁说是一种历史性的先行筹划。阿多诺提到,“他的绝对的先天包含着非先天的东西”[10],胡塞尔的先天本身或许还要求某种在意向性之下的东西参与着生成,而且这种活动并不能在任何传统样式的理念中被理解,因此阿多诺认为,“即非先天的事实之所以具有其先天,原因在于它不是先天的。无疑,由此什么也得不到”[10],或许如他所指出,这一矛盾如果不能被解决,将瓦解发生现象学的先天性。

三、奠基关系之上的理念化

实际上,原初意义与意义积淀的关系在早期著作中可以得到一种解释,即奠基关系的相互性。第三研究中曾对奠基给出如下定义,“如果一个α本身本质规律性地只能在一个与μ相联结的广泛统一之中存在，那么我们就要说：‘一个α本身需要一个μ来奠基’”[11]。胡塞尔紧接着强调，这种关系同时也可以是相互的[11]，也就是说在两个非独立因素（相对它们彼此来说）之间，α可以在一种较高或较低的层面被μ间接性地奠基，因为这种层次的差异要求居于中间的同一层面的属来充当第三者，将二者的奠基关系建立起来，反之亦然。

例如“亮度”与“颜色”，我们很难认为二者存在一种直接的奠基关系，但是我们又不可能想象没有亮度的颜色或者反过来。在间接性的解释中，我们认为，需要一个第三部分，可以是“红”“蓝”“绿”等一些更低的种属来建立这种关系，只有亮度具体地表现在颜色的某一种属中，这种奠基关系才会建立起来，即颜色与亮度相互地奠基。这种双向的奠基一般来说有两个基本要素：两个因素彼此不独立，他们可以在一个第三者中被统一或是被联系。

对于历史的先天问题，前述已经讨论过第一个要素，在意向性活动的流变与持存中，始终有原初意义的参与，而意义历史的积淀又正是在其中被生成。因此，我们无法设想它们脱离彼此的独立存在，其自身已经在理念化中被理解为两个相互依存的非独立部分了。如果我们可以将二者理解为相互奠基的关系，那么关键的问题在于第二个要素，即如何找到一个更高或更低的第三者来充当间接奠基的桥梁。事实上，在1929年至1935年的手稿中，胡塞尔尝试思考了这一可能，“我们是否必须预设一种普全的本能意向性（universale Trieb-intentionalitat），这种意向性统一地为每一种活的当下的构建提供原场所……因此，活的当下与每一种原始的、当下的同时也是超验的本欲（Trieb）①相伴而行”[12]，普全的本能意向性被描述为超越论之下的最终领域，这种领域为意义历史的相合构建提供了先决条件，这种“预设”正是间接奠基关系中所需要的联系中介。

他试图说明，原初意义与生活积淀不是绝然先天地存在，他们仅仅是在超越论、目的论意义上的理念化成就。这种成就之下，还有一个可能性，即一种普全的本能意向性可以作为意义相合的恒定极点（Pol bleibt in ständigem）而在历史的先天积淀中提供原初场所，因此，预先被给予的生活积淀被囊括其中，它表现为一种先验的本欲与活的当下共同构造了一条“赫拉克利特之流”。显然，这种思路满足了间接奠基关系的要求，与刚才“颜色”与“亮度”的举例相反，普全的本能意向性是在

① 德文“Trieb”可译为“本能”或“本欲”。这组手稿撰写期间，胡塞尔正致力于二者的结构探讨，前者侧重描述超越论意向性的最底层动机，这一层含义与另一术语“Instinkt（本能）”更接近[13]。后者更为宽泛，在第一层意义之上，还接近于更高的欲求（Bedürfnis）。此处的讨论胡塞尔赋予了这一概念更丰富的内涵[13]，因此为了与单一含义的“Instinkt”相区别开，将其译为“本欲”更合适。

一个更高的环节发挥功能，为理念化提供一个新的维度来建立这种奠基关系。如果这条思路得到完善，至少在意义历史本身的发生逻辑上可以得到合理的解释。

然而，如胡塞尔所说，这本身是一种预设，它没有能够充分回答前述提及的诘问，它最终在胡塞尔那里走向了不同的路径。我们看到重重理念化的“外衣”之下有它自身内部有待澄清的晦涩，也有理念本身的困难，我们首先尝试前者的讨论。无论如何，这项工作还是未完成的状态，但这种尝试并不是失败的。正如兰德格雷贝所说，尽管它并不是“成功的展开和解释”，但是这种思路可以被认为是一种重要的“提示”[14]，我们可以依此方向作一些讨论。

在超越论的发生现象学中，先验意向性所在的诸限定领域作为一种理念化成就本身不是描述性的，毋宁说是一种纯粹思想的理念实践，“这种纯粹思想只能保持在纯粹极限形态的领域中”[4]。在这条纯粹思想的“赫拉克利特之流”中，理念化的流变是绝然无前提性的，因此如果我们要追问一条永恒流淌的“理念”之河端点在哪里，这个问题本身就预设了河流的有限性，是不可能被回答的。实际上，我们对于历史的先天何以发生的疑问就是这样本身“不正确”的问题，我们谈到超越论现象学的一个原则是彻底的无前提性，认为有一种直观基础本身是不可追问的，这一点也可以被理解为理念化的表现，生活世界的原材料和基础就是如此预先被给予着，这是现象学意义上的“事实”。基于这一点，先前的第一种诘问，原初历史和意义积淀何以为先，已经在这种讨论里消解了，他们本身就是一种相互的间接性奠基的关系，关于逻辑序列的任何回答都会超越这种关系本身，形成一种悖论。

进一步说，它们作为超越论现象学的理念化成就是在极限领域中的理想构造，“通过独特的理性活动，通过理念的形成，精确的概念的形成而产生的”[4]。这种理念化的沉思在胡塞尔那里被描述为“指导整个人类文明的功能”[4]。

一方面，理念化是对生活世界的疏远，因为生活世界是有限而可以穷尽的，而理念化的成就相反，在沉思中表现为一种绝对的无限性。随着这种还原的继续深入，理念化意味着同生活世界的距离越来越遥远，在生活世界的基础上已经不能够对理念化成就做出证明。因此，原初意义与其积淀的复杂张力在这种基础之上是难以进一步回答的，这是理念化本身的意义所在，正如胡塞尔曾引用康德的著名比喻，用既定事实来论证或反驳在此之上的诸观念，就像从石中取水（es pumice aquam）[9]一样荒谬。另一方面，内时间意识流本身作为先天的理念化成就，如果被误解为生活世界最终的根源或目的，那么未免重回了最初的客观主义立场，即一种将哲学的研究对象视为静止的柏拉图式的理念。与之相反，胡塞尔提到，意识生活具有一种“普遍的目的论结构”，一种朝向“理性”的趋向[15]，这种趋向体现在历史视域的诸多态度本身的透视性（Perspektivität）得到先验的澄清以后，先验态度被发现同样是需要澄清的,因为它也不外乎是历史性的生成。胡塞尔只能将这种结构称为一种朝向,它属于一种目的论的思维,如果我们要保留先验这个概念原有的含义(即无条件地产生于自身,而在一切前提之先),那么我们就不如说胡塞尔先验的理念化成就都是临时的,或者说生成的。尽管它仍然可以反思一切前提,包括它自身,但是这个生成过程是敞开的,不局限在任何凝固的理念之中。因此,流动的理念化将意识流理解为完全的赫拉克利特之流,但问题还在于,这种时刻生成的历史如何在避免前述矛盾的情况下被把握和理解?

四、敞开的"历史"

胡塞尔对历史的敞开问题有一个明显的思想转变过程,然而这种转变即使是在胡塞尔的晚年,也未能完满。最早,1919年开始的系列讲座中胡塞尔提到,"因此,如果在意识流中某物确实'从某物中产生',那么统觉就必然从统觉中产生。在此无须考虑,是否存在能被置于意识流的'开端'上的原统觉(Urapperzeptionen)"[16],这时的胡塞尔取消了任何被置于意识流之上的构造,而在他最后几年的手稿中,却是完全矛盾的观点,"但是现在我认为,在探究中,原结构产生于原质素的流变之中,它具有原活动(Urmaterial)、原感知(Urgefühlen)和原本能(Urinstinkten)……因此,这种世界构造预先地使这些功能具有了可能的本质ABC作为他们的本质语法学。所以事实上,目的论是预先发生的。一个完整的本体论是目的论,但是它要以实事为前提"[12]。我们看到,胡塞尔在中间的十几年中看到了历史的先天困难,并试图改变这种态度。如前所述,意义历史与意义积淀的张力就其自身而言是难以解释的,必须找到另一个基准(如前引的普全的本能意向性)构建关系。因此,后期的胡塞尔试图重新阐释发生现象学的目的论意义,如他所说,"目的论是一切形式的形式……所有形式都必须以其普遍性来表现,整体性必须作为整个特殊形式系统(包括世界和它的形式)而被给予"[12]。无论我们将这种朝向理解为另一维度的目的论存在论,还是实事的动态理念化环节,先验主体性的自我构造自始至终都保持在这种永恒的关系中,即不断产生的历史性矛盾和相应的克服,目的论在胡塞尔那里是这一存在过程的整体描述,指向这种反复的关系流转。

早在二十世纪二十年代,胡塞尔就已经不再认为对历史能够有任何静止的理念化,因为意义的历史既没有开端也没有终止,不可能使之停滞来成为完结的活动。如他所说,"历史是一个完全为内在的目的论(Teleologie)所统治的越来越高级的意义构成物(Sinngebilde)的逐级构造过程"[16],目的论的构造是对生活世界的逾越,意义的历史不同于意义集合,在现象学理念化的语境下,历史的先天总是先于它的内容而被给予。但是在这种显现活动中被积淀的意义又与预先被给予的相区别，因此，以理念化成就的历史为对象的思考完全不同于以之为背景的意义积淀的考虑，一个是先验意义的构建，另一个是意识流的自身思义。对二者不加区别的混淆试图将历史的先天对象化，将之作为一种停滞的样式去理解，实际上，先验主体化的历史既不能向自身显现，也不能在自我的还原中被找到，它本身就是由一种普全目的论所主导的“赫拉克利特之流”，并不存在一个固有的朝向，它只是在意向性的不断构造中永恒延伸。因此，追问历史本身的意义内容，与讨论历史的先天意义可以说是针对同一对象的两种层面的问题，相同的是，我们必须在一种向前的持续性历史更迭中才可能理解它，作为完全敞开的“历史”，任何对它的追问本身是随意识流的生成而永无止境的。还可以看到，海德格尔“面向未来”的基础生存论在这里有一条明显的继承脉络。

然而，胡塞尔并没有完成在这里的讨论，前引提及“它要以实事为基准”[12]也并没有更充分的论述，而且1911年间“严格科学”的理想①与后期手稿中的目的论思想的距离是更远或更近，还是被抛弃了，这仍然是一个仁者见仁的问题。或许正如倪梁康先生所认为，胡塞尔“总体上是一个结构主义者而非发生主义者……意识发生研究的科学性在胡塞尔那里始终没有达到他自觉是成熟的程度”[17]。

马里翁曾谈到尼采与胡塞尔的两段奇妙的巧合，1887年尼采“最终受到了他最后的偶像的吸引”[18]，同年胡塞尔在哈勒大学开始讲授他的第一课“形而上学的目标与任务”，而1900年尼采辞世，胡塞尔正好刚发表《逻辑研究》第一部分。尽管现存的资料并不能证明他们的任何相遇或对彼此是否具有影响，但是这种巧合不仅仅出现在时间上，在他们的思想倾向上同样存在。在尼采那里，查拉图斯特拉高呼“上帝已死”，人无需形而上的彼岸世界为现世提供任何先验的意义，反之，“新的人（超人）”要自己为生命创造价值和意义，如他所说，“这个世界只是出于心理需要搭建的”[19]。海德格尔晚期讲稿中常将他视为西方形而上学的最终实现，因为主体性的形而上学终究要取消一切先验的预设，回到实事中去寻求明见性。可以说，尼采的意识哲学摧毁了传统形而上学的基石，让被先验理念所遮蔽的实事直观有机会被重新考虑，而在尼采留下的废墟中，胡塞尔的工作就在于为这些实事直观赋予历史性的建构，尼采的世界之自我显现与向人显现之间的矛盾在现象学中被先验还原为历史意义与其积淀的发生现象学难题。不同的是，尼采的超人意味着人的去主体化，现象不是向人的展开，因为预设那样一个本原或许仍然是“上帝”的残留，就此而言，胡塞尔并没有如他所说的那么“忠实”于直观的明见性，胡塞尔关于

① 在1901年《逻辑研究》第二卷出版后的十年间，胡塞尔没有公开发表任何文字，直到1911年在德国杂志《逻各斯》上发表长论文《哲学作为严格的科学》。

历史的先天矛盾的讨论已经将这一点彻底地揭露出来。

在这一点上与尼采相似，海德格尔认为胡塞尔意义上的自身显现，"必然在某种光亮中进行。唯有透过光亮，显现者才显示自身，也即才显现出来"[20]，黑暗与光亮本身不可能独立存在，这里的比喻意味着胡塞尔的现象必须在被给予以前就有所成就，它包含了一种深层次的张力，如果任何宣称昭然若揭的现象显现之先就要预设某些历史性视域的意义积淀，那么已经与它要求的无前提性南辕北辙。生活世界的还原在试图为被给予的直观寻找历史视域的解释，这在尼采和海德格尔的语境下无疑被视为一种形而上学的执念，海德格尔与胡塞尔的巨大分歧可见一斑。

实际上，这一批评有些许偏颇，《第一哲学》中胡塞尔曾定义一种形而上学，"现象学的地基上展现出一种不再能进一步解释的问题性：先验事实——在事实性的世界和事实性的精神生活的构造中显露出的先验事实——的不合理性的问题性，因此是一种新的意义上的形而上学"[21]。胡塞尔认为，事实性的意识过程已经存在于一个更广泛的事实性精神生活中，又从中自然地显露出来，这是事实性的合理性，因为它是如此发生，但它本身又是无以为合理依据的，所以是不合理的事实。现象学的研究终究要保留一些如此被给予的不可被解释的基础环节，这一点恰恰是现象学与传统形而上学的沟壑所在，这种不合理性只有在现象学中才恰恰是合理的。胡塞尔承认，现象的发生终有不可解释的环节，相比之下，事实性地被给予的现实与实践的理性理想的问题才是他期待的那种真正的形而上学的研究对象。

与海德格尔面临的问题不同，胡塞尔的发生现象学试图在先验目的论上调和那个时代的历史主义与客观主义。一方面，欧洲在两次世界大战后，社会普遍期待一种为多民族、多文化世界的存在可能提供合理性的价值多元理论，另一方面，现代以来人们越来越注重对一种"普世价值"的探索，希望在历史相对主义的冲击下找到一个恒定的思想锚点。在历史主义与客观主义的复杂张力下，胡塞尔开辟了一个历史现象学的维度，向人们展示了哲学的一种可能的全新道路。或许基于这种困难，人们可以像指责康德一样指责他并未能实现既定的理想，但是不可否认对于他所处的时代来说，他已经做出相当出色的工作，为二十世纪以至二十一世纪的现象学思潮提供了丰富的思想与指引。

参考文献

[1] 埃德蒙德·胡塞尔．逻辑研究[M]．倪梁康，译．北京：商务印书馆，2015.

[2] 埃德蒙德·胡塞尔．现象学的观念[M]．倪梁康，译．上海：上海译文出版社，1986.

[3] 埃德蒙德·胡塞尔.纯粹现象学通论:纯粹现象学和现象学哲学的观念 第一卷[M].李幼蒸,译.北京:商务印书馆,1992.

[4] 埃德蒙德·胡塞尔.欧洲科学的危机与超越论的现象学[M].王炳文,译.北京:商务印书馆,2017.

[5] Husserl E. Briefwechsel: Die Freiburger Schüler[M]. Kluwer Academic Publishers, 1994.

[6] 李云飞.发生现象学的观念及其问题维度[J].江苏社会科学,2013(04):25-31.

[7] 埃德蒙德·胡塞尔.经验与判断——逻辑谱系学研究[M].邓晓芒,张廷国,译.北京:生活·读书·新知三联书店,1999.

[8] 雅克·德里达.胡塞尔《几何学的起源》引论[M].方向红,译.南京:南京大学出版社,2004.

[9] 埃德蒙德·胡塞尔.哲学作为严格的科学[M].倪梁康,译.北京:商务印书馆,1999.

[10] 西奥多·阿多诺.认识论元批判[M].侯振武,黄亚明,译.上海:上海人民出版社,2020.

[11] 胡塞尔.逻辑研究[M].倪梁康,译.北京:商务印书馆,2017.

[12] Husserl E, Kern I. Zur Phänomenologie der Intersubjektivität. Texte ausdem Nachlass Dritter Teil: 1929-1935[J]. 1973.

[13] 倪梁康.胡塞尔现象学概念通释[M].北京:商务印书馆,2016.

[14] Ludwig Landgrebe, Die Phänomenologie als transzendentale Theorie der Geschichte, Den Haag: Martinus Nijhoff, 1976.

[15] 埃德蒙德·胡塞尔.形式逻辑与先验逻辑[M].李幼蒸,译.北京:中国人民大学出版社,2012.

[16] 埃德蒙德·胡塞尔.被动综合分析(1918—1926年讲座稿和研究稿)[M].李云飞,译.北京:商务印书馆,2017.

[17] 倪梁康.胡塞尔与海德格尔——弗莱堡的相遇与背离[M].北京:商务印书馆,2016.

[18] 让-吕克·马里翁.还原与给予[M].方向红,译.上海:上海译文出版社,2009.

[19] 尼采.重估一切价值[M].林笳,译.上海:华东师范大学出版社,2013.

[20] 海德格尔.面向思的事情[M].陈小文,孙周兴,译.北京:商务印书馆,2011.

[21] 埃德蒙德·胡塞尔.第一哲学[M].王炳文,译.北京:商务印书馆,2017.

“私人语言论证”的内在困境

——兼对索姆斯方案的修正

尹　沛*

引　言

维特根斯坦的“私人语言论证”在维特根斯坦的后期哲学中占有重要的地位，因为它将“意义即使用”“语言游戏说”“规则悖论”“语境论”与“面相问题”之间串联起来，结合成为一个整体。若分开来看，就“私人语言论证”本身而言，它“不仅仅涉及对语言的理解，而且也涉及心灵哲学中的某些带有根本性的问题”[1]。维特根斯坦在论证的过程中，对语言使用的精神过程进行了消除，并将语言使用的标准进行外在化与公共化，与“语言实践”、“公共标准”和“生活形式”关联起来，使得“内在对象在我们的语言和思想中并不起实质作用”[2]。

然而，索姆斯认为维特根斯坦的“私人语言论证”存在着一系列的问题，其中包括：1.“私人语言论证”摇摆在较强和较弱论题之间，其中较弱的论题必然会坍塌成为较强的论题。2.因为“私人语言”排除了比“私人感觉可以作为词语所指”更多的内容，从而将词语使用的精神过程消去，使得个人信念变得极端而不稳定。3，不同时间段的语法内容存在着真值上的冲突，而且在日常生活中，感觉可以成为类感觉词汇使用的根据。

索姆斯的批评并非无的放矢，但是却存在着问题。因为索姆斯在论述较强论题与较弱论题时，认为“意义即使用”与“较弱的私人语言论证”存在着矛盾，这是一种对维特根斯坦《哲学研究》原文的误读。事实上，想要证成“私人语言”的存在、意义与价值，还需揭示“意义即使用”及“私人语言论证”二者之间存在的内在紧张。

***作者简介**：尹沛（1990— ），湖南岳阳人，湖南科技大学马克思主义学院哲学专业硕士研究生，主要研究方向：分析哲学。

一、索姆斯对“私人语言论证”的批判

维特根斯坦对于“私人语言”的定义是：“这种语言的单词所指的应该是只有说话的人知道的东西，是他的直接的私人感觉。因此，另一个人是不可能懂得这种语言的。”[3]换而言之，就是一个人对自身内部感觉、精神过程的一种指称。这与“意义即使用”所需要解决的问题不同，因为在阐明“意义即使用”的过程中，通过对奥古斯丁实指定义以及语言图像论的驳斥，维特根斯坦谈论的是对于“外部的指称主义”，根据以哈克、贝克为首的经典理解的看法，“维特根斯坦用一个新的观点取代了这种观点，一个词的意思是这个词的‘使用’，正如他在《哲学研究》的第43节中所说的那样”[4]。在“私人语言论证”部分，维特根斯坦则是将矛头指向了内部的指称主义。索姆斯对此解读得比较完全，他认为维特根斯坦之所以将矛盾对准指称主义，是因为“该定义的有效运作也要求一些背景预设”[5]。比如说：

A：这是红色的。

如果要理解以上这句话，不仅仅需要理解“这”“是”“红色的”的意思，而且根据当时的情景，你需要理解此时A指向的是什么，同时还需要知道所指向的东西是属于什么类别。比如说，理解“这是红色的”这句话需要事先理解“颜色”这个概念，否则在极端怀疑论语境之下，可能会将“红色”与“硬度”、“质量”等其他属性混为一谈。因而索姆斯认为，只有当人们预先掌握了一个语言的重要部分时，才能理解实指定义。既然如此，那么实指定义就不是学习语言的基础环节，在学习实指定义之前，我们“必须已经拥有一个丰富的意义系统”[5]。而这一意义丰富的系统就是“语言游戏”，这正如维特根斯坦说的：“只是和这整个机械装置在一起，它才是一个刹车杠杆。”[3]因而“意义”则是指在“语言和行动所组成的整体”之中的“使用”，它与其他的语言与行动结成了一定的关系。

（一）较弱的论题与“意义即使用”内在紧张

在描述“私人语言论证”的过程中，索姆斯认为“意义”的概念与“私人语言论证”的较弱的论题构成了一种内在的紧张。索姆斯首先认为维特根斯坦在《哲学研究》第248、256、258节之间摇摆在较强论题与较弱论题之间，较强的论题是“任何被说话者使用的、有意义的词语，均不代表说话者的任何一种私人感觉、想法或内部经验”。较弱的论题是“任何被说话者使用的词语，都不是仅仅由于代表任何种类的私人感觉、想法或内部经验而有意义的”。面对维特根斯坦的摇摆，索姆斯认为较弱的论题必然会坍塌成为较强的论题[5]，他给出的理由是这样的：

A1：当我真诚和正确地说“我头痛”的时候，我指涉的是一种私人感觉，而且对他

人而言是可以借助公共标准判定的。然而如下情形是可以想象的:疼痛的行为与疼痛的感觉可以不同时发生。既然二者可以不同时发生,那么疼痛行为就不构成“我头痛”的必要充分条件,这与较弱的论题之间产生了矛盾。因为根据较弱论题的要求,词语“不是仅仅由于代表任何种类的私人感觉、想法或内部经验而有意义的”。

为了表达清楚这一点,不妨看看以下例子:

A捂着额头。

B问:你头疼吗?

A:并没有。

可能在B看来,A捂着额头的行为证明A头疼,但事实上这一行为并没有和A“头疼”真正关联起来。在这样的情况下,能够证明A头疼的就不是外部行为的判据,A可以做出与头疼时相同的行为,却不是因为“头痛”,所以判定一个人是否头疼的证据,就可以仅仅是“头疼”的私人感觉。索姆斯接下来论证:

A2:以下两个条件不能同时成立。(a)在相当多的情况下,我头疼这个断言是正确的,当且仅当,我的行为和其他公共可获得的特定事实B成立。(b)在每种情况下一个特定类型S的私人感觉出现,都是我头痛的必要条件。[除非:(c)在大多数情形之下,公共可获得的事实B使得S类型感觉的存在是必要的,而不是仅仅为之提供一种可错的经验规则。]由于维特根斯坦的“意义即使用”要求(a)成立,而(a)与(b)想要同时成立,除非是(c)成立,但是根据A1,(c)并不成立,因而(a)或(b)至少有一项可以不成立。在这样的情况下,较弱的论题就无法保留。

A1和A2都承认,在预设“私人感觉”存在且与“私人感觉”相关的行为可以独立出现时,较弱论题是站不住脚的,且必然会坍塌为较强的论题。因为维特根斯坦“私人语言论证”开始的任务是“将自己关于意义的一般性观点用于心理现象语言和感觉语言”[5],如果将“私人感觉”视作这些词语的标准,那么就不可能建立起一个具有正确性的标准体系,因而维特根斯坦就必然会坚持较强的论题。

(二)较强论题的不稳定

索姆斯认为,维特根斯坦想要坚持语言使用的确定标准的想法固然是好的,但是也“可能是很坏的”[5],索姆斯给出的理由有如下两点:

B1:如果在考虑过去语言用法的情况下,也没有人可以现在观察或经验过去的事件,但是一定有一些规则决定了过去的哪些断言为真,哪些为假。而判断这一规则的方法就是诉诸过去事件共同体范围内的一致性,依附于过去共同体范围内的一致性,就会有一种特定的标准。但是在这样的情况下,如果当一个过去的句子在当下可行的标准被满足了,这个句子指涉的事情没有发生,这样的句子是否为真?另一方面,过去的一些事情发生了,但是描述该句子的事情却不在当下标准中得到满足，这样的句子又是否为真？在这样的情况下，就会导致“我们的句子从不描述过去的事件”[5]。

B1的情况相当于这样，以“人祭”为例：在商周时期的语法之中“有些人的生命是献给神灵的祭品”这句话是合理的，但是放在现在，这句话却并不符合当代人的语法。维特根斯坦口中的“语法”并非句法结构那类语法，而是界定“语言在历史或当下语言实践中实际出现的用法”。[6][7]所以某些特定的说辞在过去的时代具有合法性，现在却不具有，反之亦然。索姆斯在B1中的论证，对以生活形式为基础的语言游戏产生了一定的威胁。但是这一威胁是针对整个“语言游戏说”的，在“私人语言论证”之中并不具有任何特异性。因此索姆斯给出了另一个理由：

B2：维特根斯坦对于感觉的反对是正确的，但是“私人语言论证”排除了比这更多的东西，包括一些可行的观点。虽然感觉无法作为类感觉词汇使用的标准，但是在使用这些词汇的时候，人们仍然会伴随着特定的感觉，并且使用词汇来指涉这些感觉。而且我们将这种指涉的词语使用的手段引入到我们的生活与信念体系之中。

B2的意思则是，在我们的日常生活之中，虽然我们是因为词语使用的方式学会类感觉词汇的，但是由于在学习类感觉词汇的过程中，不仅存在着该词汇的使用语境，同时也存在着私人感觉，而且我们是在私人感觉发生的同时来使用这些类感觉词汇的，于是我们也将这种使用的方式引入到我们的生活与信念体系之中。B2指出了“私人语言论证”的一个特有的困难，那就是虽然可以指出私人语言“没有标准”，但是如果要因此而消除它，就是与常识相悖的。换而言之，维特根斯坦在通过日常语言来维护自身理论的同时，在某些方面却与日常语言相对立，比如“你不知道我有多疼”。

最终索姆斯考虑了一种更弱、更可行的，但仅仅是部分的维特根斯坦的观点。索姆斯的主张是：“公共语言中的语词并不仅仅由于代表任何私人感觉、想法或内部经验而是有意义的。”[5]其中，任何指涉私人感觉的词语都需要和公共标准相结合，这些标准为他人提供了一种可错的基础，来判断说话者是否正确使用哪个词语。但是尚且不明白索姆斯如何将私人感觉和词语公共标准调和起来，索姆斯也并未提供一个详细的方案进行调和。

二、对索姆斯批判的回应

总结一番，索姆斯对于“私人语言论证”的批评主要在以下几点：1.“私人语言论证”摇摆在较强和较弱论题之间。2.较弱的论题必然会坍塌成为较强的论题。（A1、A2）3.不同时间段的语法内容存在着真值上的冲突，而且在日常生活中，感觉可以成为类感觉词汇使用的根据。（B1、B2）最终，索姆斯认为一种更弱的“私人语言论证”才是真正可行的,然而在索姆斯对于维特根斯坦的解读之中,存在着不少误读的地方。

(一)A1、A2为什么不成立

正如上文提到的,索姆斯认为维特根斯坦在《哲学研究》248、256、258节摇摆在较强论题和较弱论题之间。事实上,却无法理解如此判定的依据何在,首先,248节仅仅是探讨了"私人语言"的定义,其次,256节说道"此时我就只是将感觉与名称联系起来并在描述中使用这些名称"[3],但在其中,维特根斯坦虽然认为感觉与名称可以联系起来,但并不认为这些感觉在名称的使用中起到任何作用,因为只是在"描述中使用这些名称",也就是说,如果"感觉"真正有意义的话,那么仅仅是作为一个词的使用而已。其中258节最能够提供给索姆斯直观的证据。"人们在这里会说:在我看来是正确的无论什么东西都是正确的。而这只意味着我们在这里不能谈论'正确'。"这里的意思应该是:如果词语仅仅由于代表任何种类的私人感觉、想法或内部经验而有意义,那么就不会有正确性的标准。将蕴含的逻辑形式转换成析取式则是:或者并非词语仅仅由于代表任何种类的私人感觉、想法或内部经验而有意义,或者不会有正确的标准。它的否定命题则是"词语仅仅由于代表任何种类的私人感觉、想法或内部经验而有意义,且会有正确性的标准"这个合取命题。可是无论是较弱的命题还是较强的命题,都与这个否定命题相矛盾。换而言之,维特根斯坦并未在这三节之中谈到较弱和较强命题之分。

但是维特根斯坦的原著之中也不乏让索姆斯生出这样想法的微妙之处,在43节,维特根斯坦说:"一个词的意义就是它在语言中的使用。"[3]但是他转而谈道:"而一个名称的意义有时是通过指向它的承担者来说明的。"[3]因而一个名称有着双重的意义,一方面在于其用法,另一方面有时也指向其指称的对象。也就是说,实际上维特根斯坦并不否认词语可以指称对象,甚至可以指称私人感觉的存在,但是维特根斯坦认为它是可消去的。

在"甲虫隐喻"之中,维特根斯坦就谈道,如果我们以"对象和名称"的模式来解释感觉表达式的语法,那么,对象就会由于不相干而不被考虑。因而在较强较弱论题之中,维特根斯坦是倾向于较强论题的,他认为一个词语并不因为其指称的"私人感觉"而有意义,但是维特根斯坦并不否认"私人感觉"的存在,只是它们不在我们的语言游戏之中。

这也是为什么A1不成立的原因,因为按照A1就接受了一个在维特根斯坦看来无法证明的前提:"人们可以根据感觉来作为词语使用的判据。"在维特根斯坦的视域中,(2)的对话中,并不是"私人感觉"确证了对方在疼痛,而是对方说"我疼痛"加上疼痛行为才能确证对方的疼痛。当然一个人可以说,正是因为我的疼痛和说出"我疼痛"相关联,才会让一个人说出"我疼痛",但另一个人无法确证"疼痛"的感觉是否就是真的疼痛，比如：如果一个人用痛苦的表情表现快乐，我们是否会说“他不痛”？根据维特根斯坦的说法，只能说他不和我们玩一样的游戏，在我们的游戏中，“痛苦的表情不能表现快乐”，因此和言语关联在一起的私人感觉可以是无穷无尽的，但是关联起来的行为却总是相似的。

虽然维特根斯坦的观点并非无懈可击，但却并不是索姆斯指出的那样，摇摆在较强较弱的论题之间，并且是在“迫于无奈”的情况之下选择了较强的论题。

（二）B1、B2为什么不成立

B1毫无疑问是值得探讨的，毕竟在历史发展过程中，语言伴随着人们生活形式的变化而进行变化，在变化过程中何者将会被消去，何者将会被保留？一个可设想的维特根斯坦方案是——不同的生活形式之间的真值的估算，可以像不同游戏之中同一个词语的不同使用具有“家族相似”一般，使得不同生活形式中不同的语法也具有家族相似。如此一来，不同生活形式之间某个词语的使用具有相对意义，相对于不同的生活形式进行赋值。以上文的“人祭”为例，我们自然可以谈论历史上的人祭，但是我们是在现在的生活形式之下谈论“人祭”，因而“人祭”的使用处于双重语境之下，结合上下文来决定何种语境处于主导的地位。比如在历史传记之中，奴隶社会举行人祭，这种行为在这种语境下是无可厚非的，但是如果在历史评论之中，可以以当代视角评判人祭的历史局限性。

至于B2，维特根斯坦提出了怀疑论的解决方法，即人们在指涉一种感觉来对应词汇的时候，并没有一个标准确定每次使用该词语的时候指称同一种感觉，比如，我们没有标准来确定两次疼痛的同一性标准是什么，唯一可以用来确定标准的是记忆，然而对于私人感觉的记忆却无法做到客观公正，因为我们的记忆有时会出错。因而，人们是通过特定的行为与语言来确定类感觉词语的使用的，这就使得B2对“私人语言论证”失去了威胁。

三、进路：“私人语言论证”与“意义即使用”的内在紧张

然而，“私人语言论证”本身是存在问题的，虽然并非索姆斯所指出的那些问题，但是索姆斯的提问也起到了引导性的效果。顺着索姆斯的思想理路，即索姆斯曾追问“私人语言论证”与“较弱的命题”之间的矛盾，可以看到维特根斯坦对于“意义”的定义与“私人语言论证”之间产生了不一致性。

（一）“私人语言论证”的“意义悖论”

维特根斯坦对于“意义”的定义是“用法”或者“使用”，根据不同的语境在这两个意思之间摇摆，这本身并没有问题，而且为维特根斯坦的哲学构建回避了冗余的

本体论问题，即不用追问“思想”，也不用探寻“指称”，仅需要通过显示语言在各个游戏之中的训练与使用，就能“理解”其意思。但是问题在于，维特根斯坦宣称“私人语言”是“无意义”的，而这个断言将会引发一系列的问题。

维特根斯坦在《哲学研究》第246节中谈道：“在什么意义上说我的感觉是私人的？”“从某个方面来说这是错误的，而从另一方面说这是无意思的。”[3]这里的“无意思”英文版用的是“nonsense”，也可以翻译为“无意义的”或者“胡说”。后期贝克与马尔霍尔也认为维特根斯坦认为“私人语言”是“无意义”的。[2]在“甲虫隐喻”之中，维特根斯坦进一步声称：“但是假定‘甲虫’这个词在这些人的语言中有一种用法呢？——如果有的话，它不会用作一件东西的名称。盒子里的东西在该语言游戏中根本没有位置；甚至作为某种东西也不行，因为盒子甚至可能是空的。”[3]这里的意思已然很明显，根据“意义就是用法”的定义，维特根斯坦认为“私人语言”就是盒子里的甲虫，在语言游戏中没有位置，也没有用法。

然而，这是存在问题的。如果维特根斯坦是对的，那么“私人语言是没有意义的”就是一个真命题，否则维特根斯坦这句话就是没有意义的。但是如果“私人语言是没有意义的”是一个真命题，那么作为命题的变元“私人语言”和谓词“是没有意义的”都应该是有意义的，因为它们存在特定的用法。接下来仔细分析一下以上的论断：

1.私人语言是没有意义的。2.意义就是用法。3.但是“私人语言是没有意义的”是一个真命题，也就是说，是维特根斯坦认为的有效句子。4.作为一个有效的句子，可以写成F(x)的函数形式。5.作为变元x的“私人语言”是有用法的，因为它在“没有意义的”这个谓词的辖域之中，并通过该谓词与其他句子相连接。比如：“私人语言是没有意义的。”“乱码也是没有意义的。”因此可以推出“私人语言和乱码类似”。而这些句子都是有意义的。6.因而“私人语言”是有意义的，因为它具有用法。它通过与“是没有意义的”这个谓词联结，从而延伸进入到庞大的语言网之中，因而它也是在语言之中有位置的。简而言之，既然意义就是用法和使用，那么一切说出来的词语都将是有用法的，因而就不会存在“没有意义”这个概念。

这样就形成了一个悖论：私人语言是无意义的，当且仅当，私人语言是有意义的。这是一个双向的推论，私人语言的无意义给其带来意义性，而私人语言的有意义，恰恰是因为其无意义。这显然是维特根斯坦不愿意见到的结果，而能解决这个悖论的方法，就是罗素解决“集合悖论”的方法——类型论，通过将私人语言的“有意义”和“无意义”赋予不同阶层，其中“F(x)”是“私人语言是没有意义的”，属于一阶的范畴，而G(F(x))则是“‘私人语言是没有意义的’是有意义的”，属于二阶的范畴，因而“私人语言”在一阶上没有意义，在二阶上有意义，从而通过将二者的阶层分割开来，解决这一困难。

但问题在于，维特根斯坦不同意这一解决思路：“这是维特根斯坦1913年首次向罗素提及的事情，当时他写道：'每种类型理论必定让符号系统的专门理论变得肤浅。'一年以后他对摩尔说，'类型的理论是不可能的'。"[2]这就使得维特根斯坦在这一问题上可能会陷入困境。不过这里值得说明的一点是，1913年的维特根斯坦的思维方式还处于前期思想阶段，而在中后期的思想中，维特根斯坦是否会一反常态同意罗素的类型论，这一点是尚未可知的。但可以肯定的是，至少在现有文献的基础上，维特根斯坦似乎很难给出这个问题的答案。不过即便是强行认为以上论断是不完全的，却仍然存在着问题。

（二）"公共标准"无法规定"私人语言"

假如我们不再去探讨私人语言是否存在"意义悖论"，而因为之前将"用法"代入"意义"已经造成了失败，那么就只能采用其他的观点。在《哲学研究》的269节中，维特根斯坦认为存在两种标准，一种是有某种标准，自己却一无所用的词，一种是"自以为懂"，但是却偏离了正常的标准，维特根斯坦认为第二种是主观的理解。而可以将其他人都不懂，而只有我"似乎懂"的声音称为"私人语言"。[3]因而可以看出，"私人语言"是一种没有公共标准，而仅有自己"似乎知道标准"的东西，可以简述为"私人语言没有公共标准"。但是"私人语言"没有公共标准，那么是什么标准将"私人语言"定义为"私人语言"呢？大可以认为"私人语言没有公共标准"和"将私人语言与公共语言区分的标准"是两种不同的标准，这就可以避免混淆的问题。但更糟的是，如果按照维特根斯坦的想法，人们不能"私人地"遵守规则[3]，所有的标准都是公共的，难免让人怀疑"私人语言没有公共标准"是否是有一个公共标准来将二者区分开呢？如果有，那么：

1.公共标准是公共语言规定的，而私人语言没有公共标准，仅有一个"似乎懂"的标准。2.为了让"私人语言没有公共标准"是一个维特根斯坦式的定理，那么它是通过公共标准规定的。3.私人语言却无法被公共标准所规定，因为私人语言是一种"似乎懂"的精神过程。

其中2和3是矛盾的，其根本矛盾在于公共语言既然无法规定私人语言，那么也无法规定它"没有公共标准"，还需要元层次的东西来规定"私人语言没有公共标准"。如果想要2和3不矛盾，那么只能加上：4."私人语言没有公共标准"是个语法命题，它仅能指涉"私人语言没有公共标准"这个语句的使用过程，"私人语言"并不指涉任何对象，而仅仅是一个词语。但是如果"私人语言"不指涉任何对象的话，那么如何取消掉那种特殊的精神活动呢？

这个论证甚至可以进一步威胁到"意义即使用"的定义，因为根据维特根斯坦的想法，一个词语的意义不在于它的指称，而在于它的使用，那么"私人语言"之所以没有意义,仅仅是在于它这个词语没有适宜的使用,因而根本不关涉"私人语言"所指涉的精神过程本身。换而言之,维特根斯坦本身是可以做出两种选择,一种是"意义是指称",一种是"意义是使用",如果按维特根斯坦的前一个想法"而一个名称的意义有时是通过指向它的承担者",那么"私人语言"根据其指称本身就有意义了(因为维特根斯坦不否认精神过程存在),这和他的想法不符,于是他攻击的目标只能是"私人语言"这类词语的使用没有意义,但这样一来,他取消掉的也仅仅是一类词语的使用而已。简而言之,如果意义就是使用,那么一切成为语言的东西本身就都是有意义的,而语言之外的东西就本身并不在维特根斯坦的讨论之中。从而,维特根斯坦对于精神过程"什么都没说"。于是如果维特根斯坦坚持评价的是某个精神过程而不只是"私人语言"这个词的使用,那么就落入了与前期相同的困境,归根到底维特根斯坦还是在设法说出一大堆不能说的东西。[10]

所以在某些方面,索姆斯是正确的,"意义即使用"与"私人语言论证"存在着某些内在的紧张,但是并非索姆斯所设想的那样,而是维特根斯坦"意义即使用"所带来的紧缩概念,为他消除"私人语言"带来了阻碍。最终维特根斯坦能消除的,并非"私人语言",而只是"私人语言"这个词,可是按照"意义悖论"中的论证,最终他连这类词都消除不了,因为这类词在语言游戏之中有其用法。当然,以上的论证都是针对维特根斯坦"私人语言论证"的否定来进行演绎的,在肯定、构建的方面,私人语言依然可以存在意义:赫茨贝里曾经谈到的,私人语言就像是一个学会语言之前就在写的日记,即便学会语言之后,也没有办法正确地解释私人日记的内容,[11]但是我们可以根据日记中自成体系的标记方式,其标记内容之间的一致性,来确定写日记者是否正确地解释了其内容。

结 论

综上所述,索姆斯虽然以他的视角给出了一条批评维特根斯坦的道路,并带来了许多思路上的启发,而且在另一部书《再思考语言、精神和意义》之中,索姆斯有力地陈述了自己的观点:如果命题就像我认为的那样,那么就会有许多在我的思想和行为中扮演关键角色的私人接受(privately entertain),但是我们很难发现它们,有时甚至不能用来交流。[10]但是在对于"私人语言论证"的批判中,索姆斯的论证还是有待商榷的。另一方面,维特根斯坦对于"私人语言论证"和"意义即使用"的描述出现了一种内在的悖论,在模型一致性的要求下,这两个概念不可能同真。

维特根斯坦曾经谈道:要对或者力求对你的生活和别人的生活进行真正诚实的思考,如果可能这样做的话,那就还要困难得多。[11]这种困难是显而易见的,因为在治疗旧哲学遗留问题的时候，维特根斯坦自身也落入了一种错误的类比，说“这个工具在这里是没有意义的”和“‘vmwowka’是没有意义的”这里的“意义”不具有同样的内容，说“私人语言没有意义”可以因为在特定情境下探讨精神过程是没有标准的，但是并不能认为它就能从我们的语言之中剔除。而剔除后，无论是以“语言使用”“行为实践”“公共规则”甚至于“一个画出来的或者模拟的形象，去取代那个精神的形象”[13]都是不可行的。而我国的日常语言显然更为丰富与包容，表现了隐藏语言中的精神过程（“你可能没明白我的意思”、“只可意会不可言传”、“词不达意”），这并非简单的语境论与语言使用能进行消去的。另一方面，色盲患者对于语言的使用是值得注意的，他们的使用脱离了正常的使用方式，这说明语言使用过程会与感觉材料相关。

参考文献

[1] 韩林合.维特根斯坦论私人语言[J].哲学研究，1993(4):51-57.

[2] 汉斯·斯鲁格.维特根斯坦[M].张学广，译.北京：北京出版社，2015.

[3] 维特根斯坦.哲学研究[M].李步楼，译.北京：商务印书馆.1996.

[4] Oehl T. Wittgenstein on the pictorial roots of referentialism[J]. Inquiry, 2023,66(6):1069-1093.

[5] 索姆斯.20世纪分析哲学史：意义的时代[M].张励耕，译.北京:华夏出版社.2019.

[6] 张学广.维特根斯坦的语言实践观[J].西北大学学报（哲学社会科学版），2023,53(05):5-16.

[7] 林允清.维特根斯坦私人语言研究的“语法”性质[J].哲学分析，2024,15(01):3-31+196.

[8] 维特根斯坦.逻辑哲学论[M].贺绍甲，译.北京：商务印书馆.1996.

[9] 凯利·迪恩·乔利.维特根斯坦：关键概念[M].张晓川，译.重庆：重庆大学出版社.2021.

[10] Soames S.Rethink Language, mind, and meaning [M].New Jersey: Princeton University Press, 2015: 101

[11] 诺尔曼.马尔康姆.回忆维特根斯坦[M].李步楼，贺绍甲，译.北京：商务印书馆.1984.

[12] 维特根斯坦.蓝皮书和褐皮书[M].涂纪亮，译：北京：北京大学出版社，2012.

丹托与格林伯格艺术史理论的比较研究

李帛雨*

诺埃尔·卡罗尔(Noël Carroll)指出:“亚瑟·丹托(Arthur Danto)的艺术哲学是英美美学最具想象力和最丰富的创造之一……无论我们对丹托艺术哲学的充分性进行怎样的最终评估,它对分析美学进程的影响已经令人敬畏。”[1]作为分析美学和艺术批评界的重要人物,丹托的贡献之一是打破了分析美学琐碎而远离艺术实践的理论化倾向,这主要是通过其“艺术终结论”实现的。丹托尝试通过“艺术终结论”为当代艺术的历史性处境提供解释,在丹托“艺术终结论”形成的过程中,丹托对于格林伯格艺术理论的批判具有重要的地位。论者指出:“克莱门特·格林伯格(Clement Greenberg,1909—1994)是20世纪下半叶美国最重要的艺术批评家,也许是所有时代最伟大的艺术批评家之一……由于他的主要观点代表了现代主义艺术理论的法典化,他便成了现代主义与后现代主义的分水岭。几乎所有同情或支持现代主义的人都为他辩护,与此同时,几乎所有的后现代主义者都首先将批评的矛头指向他。”[2]以“后现代艺术的哲学阐释者”自居的丹托也加入了批判格林伯格的行列,在全面论述“艺术终结论”的著作《艺术终结之后》中,格林伯格是丹托首要的批判对象。丹托对于格林伯格艺术史理论的批判是从分析美学与后现代立场出发对于现代主义美学的最为重要的典型批评之一。

在对于丹托“艺术终结论”以及丹托和格林伯格之间理论关系的考察中,论者或者认同丹托对于格林伯格的批判,同时认为丹托的“艺术终结论”超越了格林伯格的艺术史理论,或者认为丹托误解了格林伯格,丹托的“艺术终结论”则并未超越格林伯格的艺术史理论。然而,事实上,丹托对于格林伯格艺术史观的理解和批判是基本准确的,但是他的“艺术终结论”本身也包含着现代主义的本质特征,并构成了现代主义叙事的延续和发展。因而,丹托的“艺术终结论”既没有构成对于格林伯格现代主义艺术史理论的彻底超越,也没有实现对于“当代-后现代”艺术的圆满解释。

---

*作者简介:李帛雨(2000—),男,北京人,湘潭大学哲学系2022级研究生,主要研究方向:分析美学、文艺理论。

一、克莱门特·格林伯格的现代主义美学及其艺术史理论

作为现代主义艺术领域最具影响力的艺术理论家，格林伯格将早期形式主义者如罗杰·弗莱(Roger Fry)、克莱夫·贝尔(Clive Bell)等人的理论进一步系统化并广泛地运用于艺术批评中，使形式主义美学成为解释现代主义艺术的权威话语。

格林伯格将现代主义追溯到了康德(Immanuel Kant)的“自我批判”原则，并认为这一原则提供了“迄今最让人满意的美学基础”[3]。从“自我批判”的原则出发，格林伯格认为艺术的首要任务是反思自身的本质和自身能力的界限，即对艺术的媒介的“批判”。格林伯格认为，“于是自我批判的任务成了要从每一种艺术的特殊效果中排除任何可能从别的艺术媒介中借来的或经由别的艺术媒介而获得的效果”，“每一种艺术独特而又恰当的能力范围正好与其媒介的性质中所有独特的东西一致”[4]，媒介的限制就是艺术的本质之所在，它应当是艺术创作的真正主题，而在传统艺术中被视为艺术主题的题材和内容则是艺术的非本质部分，应当处于次要的地位。格林伯格将现代主义的艺术作品看作一个又一个对于自身媒介的能力界限的批判性考察，艺术通过“自我批判”的努力，不断提高其形式意义上的“纯粹性”，并将“非纯粹性”的部分排除出去，格林伯格认为，每种艺术都将“在‘纯粹性’中找到其品质标准及其独立性的保证。‘纯粹性’意味着自我界定，而艺术中的自我批判则成为一种强烈的自我界定”[4]。这意味着艺术不再需要是具体、写实的，而可以且应该是抽象化、形式化的。

在众多捍卫抽象艺术合法性地位的理论家中，格林伯格的独特贡献是将形式主义的观点应用于艺术史研究，从而提出了一种现代主义的艺术史叙事。从现代主义的“自我批评”原则出发，格林伯格将艺术史视为艺术对于自身本质的“自我意识”不断觉醒的过程。随着艺术“自我意识”的发展，艺术创作的重心从艺术的题材、内容，逐渐转移到重视作为其本质的媒介、形式。在这个过程中，艺术作品的“文学性”、叙事性不断被从艺术中剥离，取而代之的是对于艺术媒介特性的压倒性关注。格林伯格就这样将艺术史有机地组织为一个整体，以绘画史为例，从文艺复兴前的宗教绘画到古典主义，再到后印象派和抽象表现主义，都被格林伯格解释为艺术形式化的不同阶段，它们各自具有相应的历史性地位，而以抽象艺术为代表的现代主义艺术在这一历史进程中具有最高的合法性，因为现代主义艺术是这一历史运动的极端形态，它实现了“自我批判的成功”[4]，格林伯格称之为“我们现在所拥有的唯一一种活的文化”[5]。

格林伯格的理论在20世纪40至60年代的前卫艺术批评中占有支配性的地

位，它提出了对于写实主义、自然主义艺术观的系统性反驳，并为后印象派艺术提供了强有力的辩护以及对于其艺术史地位的较为圆满的解释。丹托也认为，格林伯格是形式主义美学家中最有成就的一位，原因有两个：一是他为现代主义找到了哲学性的基础，二是他提出了现代主义的艺术史理论。这两点使得现代主义成为一种完整的艺术史叙事，并且体现了相对于此前的模仿论艺术史叙事的超越性。然而，格林伯格的观点具有将形式主义狭隘化、单一化的倾向，因而越来越不能适应20世纪60年代以后的艺术发展。针对格林伯格的艺术理论在当代艺术领域的失效，以“后现代主义者”自居的丹托提出了对于格林伯格的批判。

二、亚瑟·丹托的艺术哲学及其艺术史理论

丹托的艺术哲学从一开始就具有强烈的实践指向，正如丹托自己所指出，他的全部美学思想都是作为对20世纪60年代开始而持续至今的艺术史发展的回应而提出的。[6]丹托敏锐地察觉到，从这一时期开始，艺术具有与此前截然不同的性质。首先，在丹托主要关注的绘画领域，艺术创作摆脱了20世纪上半叶以抽象艺术为主的单一风格而走向多元化，超现实主义、表现主义等风格都被重新给予关注，有关艺术多元化合法性的问题也引起了争论，丹托需要在其中寻找自己的定位。其次，新艺术家们尝试打破生活和艺术的界限，一些艺术家开始从现实生活的日常物品中寻求艺术的灵感，甚至直接将其搬运到艺术中。以丹托最感兴趣的作品《布里洛盒子》为例，它就是一个与超市中售卖的盒子在外观上没有差别的肥皂盒子，现在却成了博物馆中的艺术品。这些艺术品的合法性地位，以及这些艺术品与生活的关系都需要得到解释。最后，由于新艺术家面对艺术与生活关系的新态度，艺术品与日常物品的差异变得从感官层面不可见了，这意味着此前流行的以感官属性为核心的艺术定义不再有效，艺术本质的问题需要被从“不可分辨性”(indiscernibility)的层面进行重新考察。基于艺术多元化与艺术观念化的时代背景，丹托指出，艺术呼唤着新的美学。

由于艺术本质问题的根本性，丹托首先是从艺术本质问题回应艺术界的新现象的。艺术本质问题同时也是二十世纪六十年代分析美学界的主要论题，那时流行的主要观点是以维特根斯坦的“家族相似”学说为基础的艺术定义的不可知论。以莫里斯·韦兹(Morris Weitz)、威廉·肯尼克(William Kendrick)等人为代表的哲学家认为，艺术品之间只有相似性而没有某种共同的本质，一物成为艺术品的充分必要条件是不存在的，所谓的艺术的定义只是将一部分艺术的特征放大到全部艺术上，传统的美学一直在向错误的方向努力，美学的真正作用只是对不同艺术的特

征进行描述。丹托并不认可这种观点,他认为这种观点不能带来真正的艺术哲学,后者必须是本质主义的。而在丹托之前,已经有迈克尔·曼德鲍姆(Michael Mandelbaum)等人对这种意见提出了反对,曼德鲍姆认为,维特根斯坦的观点只是指出了,“游戏”之间在外部特征方面不具有共同之处,但不意味着艺术在非外部的不可见特征方面不存在共同本质,因此,在艺术的可见属性之外提出一种艺术的定义是可能的——这一观点与丹托从前卫艺术上受到的启发不谋而合:丹托认为,“不可见性”是思考艺术本质乃至哲学问题的唯一方式——丹托在曼德鲍姆的基础上,通过提出他自己的艺术定义证明了这种可能性。

丹托在其著名论文《艺术世界》(1964年)和著作《寻常物的嬗变》(1981年)中阐述了他的艺术本质观。丹托没有提出一种单一化的艺术定义,而是举出了艺术的若干充分必要条件,其要点如下:一、艺术品必须有所关于。二、艺术品应表达艺术家的某种观念。这两点分别来自对于传统的再现主义(艺术是对于外部世界的模仿和再现)和表现主义(艺术是对于主体情感的表达)艺术本质论的改造和调和,卡罗尔因此将丹托的艺术观称为新再现主义和新表现主义[7]。三、艺术品就其形式而言是一种隐喻的修辞。四、艺术品在阐释中最终完成,且艺术品的阐释需要特定的艺术史背景。这两点体现了丹托英美哲学和欧洲哲学的双重背景,隐喻是二十世纪下半叶分析美学的重要论题,乔治·莱考夫(George Lakoff)等学者甚至将隐喻提升到语言、思想的核心的层次,丹托通过将隐喻纳入艺术定义介入了这一讨论,而丹托的“艺术品在阐释中才真正完成”的观点,则显然受到欧洲解释学的影响。丹托对于艺术阐释以及艺术作品的历史性语境的强调,为英美美学引入了历史维度,这不仅启发了乔治·迪基(George Dickie)等学者,也构成了丹托艺术史思想的基础性观点。

丹托的艺术定义对于二十世纪六十年代以来的前卫艺术具有较好的解释力,它基本回应了艺术的观念化,但是它忽略了艺术多元化的问题,丹托需要为此寻找新的理论,这就是丹托的艺术史思想。丹托在1984年发表了《艺术的终结》,标志着丹托开始从艺术史的角度回应艺术的新发展。丹托的艺术史思想是一个以“艺术终结论”为主要观点的“叙事史”体系,叙事其实是丹托艺术史思想的核心概念,“艺术终结论”是围绕叙事展开的。

丹托所谓“叙事”(narration)是指“理解任何作品的普遍模式”[8]。首先,叙事包括了对于艺术本质的断言,它决定了一个时期之内艺术创作和批评的基本模式;其次,它定义了看待整个艺术史的视角和方向,理解艺术史意味着理解一种关于艺术史的叙事理论;再次,叙事处在历史沿革之中,艺术史时代的更迭首先表现在叙事结构的变革;最后,叙事的应用是有限度的,一种叙事只能解释它的时代的艺术,而不能超越自身的历史因素。丹托认为,库恩的“范式”使科学史系统化了,他自己的“叙事”概念则为系统地研究艺术史中的“叙事史”提供了可能性。

丹托简要地勾勒了西方艺术史中叙事的历史:“有一种模仿的时代,后面跟着意识形态的时代,接着是我们的后历史时代。”[6]“模仿的时代”即以乔尔乔·瓦萨里(Giorgio Vasari)的“再现论”叙事为主导的经典艺术时代,“意识形态的时代”即以格林伯格形式主义美学为主导的现代主义时代。现代主义是艺术叙事史的最后一个时代,在现代主义之后,艺术的叙事终结了。“后历史时代”则是叙事终结后的无叙事时代,即我们所处的时代,丹托也称之为当代或后现代,丹托在同等的意义上使用这三个概念。

丹托“艺术终结论”所指的是艺术叙事的终结,而非技巧、形式的终结。丹托认为,艺术的叙事终结于艺术真正具有自我意识的时刻,即艺术自身真正提出了艺术本质问题的时刻。丹托进一步指出,以《布里洛盒子》为代表的波普艺术已经严肃地提出了这一问题,它们在外观上与日常物品完全无异,当它成为艺术品并被放进博物馆时,“艺术之为艺术”的问题就在“不可见性”的层面被艺术自身提出了。丹托认为,“不可见性”是思考艺术本质乃至哲学问题的唯一方式。当艺术具有了自我意识,艺术就进入了哲学的层次,艺术的使命就结束了。此后,艺术进入到“后历史时代”,艺术的创作并没有停止,只是不再有统一的叙事规定艺术创作的方向,不再区分何种艺术有意义、何种艺术无意义,所有艺术具有同等的地位,不再有哪一种风格是占有优势的,艺术创作进入到绝对自由的状态。这是一个多元主义的时代,丹托认为,包括艺术创作在内的文化多元主义是“后历史时代”的本质特征。由此,“艺术终结论”解释了20世纪下半叶以来的多元化艺术创作的历史性基础,并为其提供了理论辩护。

丹托通过其艺术本质论和艺术史思想基本回应了以艺术的观念化和艺术的多元化为特征的艺术变革,艺术的观念化和艺术的多元化构成了丹托艺术哲学作为一种“后现代”艺术理论的基本面相。由于丹托准确地把握了艺术的时代特性,并令人不安地直接宣布了艺术的“终结”,所以他的理论一经提出就在美国乃至全世界的美学界引起广泛的争论,这一讨论在21世纪初被介绍并延伸到了日益与西方面临类似艺术境况的中国。

三、丹托对格林伯格艺术史理论的批判

《艺术的终结》发表之后,丹托逐渐关注到格林伯格的现代主义理论。在1995年的梅隆艺术讲座(Mellon Lectures in the Fine Arts)中——这次讲座的内容于

1997年以《艺术的终结之后》为题出版——丹托立足于当代艺术的后现代视野,通过对格林伯格等人的艺术史理论的批判,详细阐述了"艺术终结论"的观念,格林伯格是其中最为重要的批判对象。

首先,丹托反对格林伯格艺术史理论的历史普遍主义。丹托指出,格林伯格将现代主义的审美视角绝对化并断言了这一视角对于全部艺术史的有效性,正如格林伯格所言:"这(形式主义的视角)是观看任何种类的绘画,不管是老大师的还是现代主义的绘画的最佳方式,然而,现代主义却将它强化为唯一的和必然的方式。"[4]这意味着,在形式主义的尺度下对各个时代的艺术进行平行的比较是具有合法性的。在丹托看来,这是一种非历史的历史观点。丹托从他的阐释和叙事理论出发,认为艺术的阐释需要在特定的历史背景和叙事话语中实现,叙事本身具有历史和限度,一种叙事只能解释它自身时代的艺术,而不能解释其他时代艺术的价值。人们不能排除历史因素,使用同一种叙事对不同历史时期的艺术品进行对比。丹托并不反对现代主义叙事在解释现代主义艺术作品时的有效性,而是反对现代主义叙事将自己的审美和批判标准应用于自身所属历史时期以外的艺术作品。

其次,丹托反对格林伯格的"艺术终结论",这包含两个层面,一是他反对将现代主义看作艺术的终结之点,二是反对将现代主义看作艺术终结之后的最终状态。丹托认为,"格林伯格也有一种他自己的关于艺术终结的观念,正如任何以发展叙事为原则来看待艺术史的人都一定会有这种观念。"[6]在格林伯格的理论中,艺术史是艺术不断实施自我批判、自我意识不断觉醒的过程,它终结于艺术对于自身本质具有充分认识的时刻。现代主义艺术就是这样一种艺术,它对于作为其本质的媒介特性的反思是自发的,因而意味着艺术发展的最终状态。丹托的"艺术终结论"也将艺术的"终结之点"认定为艺术反思到自身本质、具有自我意识的时刻,但是,丹托不认为艺术在现代主义阶段反思到了自身的真正本质,因此,他反对将现代主义艺术看作艺术的"终结之点"。丹托指出,被格林伯格看作艺术本质的"媒介"指的是艺术品的物质形式。例如,绘画的媒介是平面性,雕塑的媒介是三维性,它们都是可感知的物质形式。然而,丹托认为"艺术品(artwork)与实物(real thing)的区别,绝不在于物质方面"[9],物质因素并不能将艺术品与一般事物区别开来。丹托曾举过这样的例子,有若干外表完全相同的红色单色画,它们各自具有不同的意义,它们是完全不同的艺术品,同时,还有一张外表与它们相同但是不具有任何意义的红色单色画,它不是艺术品,但是,从物质和知觉的层面,人们无法将这些艺术品与非艺术品相互区分开来。[9]因此,艺术品的媒介、物质形式不是艺术品的本质,现代主义艺术对于艺术本质的"自我意识"并不充分,不能成为艺术的"终结之点"。在丹托看来,艺术真正的终结之点是以感官层面的不可辨识性为旨趣的观念艺术,此后,艺术进入到多元主义的“后历史时代”,后者才是艺术的最终状态。

最后,丹托反对格林伯格艺术史理论的审美排他性。丹托认为,格林伯格通过确定媒介作为艺术的本质,进而断言了艺术的形式化、“纯粹化”为艺术发展的方向,进一步则宣布了符合此历史方向的艺术才是具有历史价值和进步性的,与此无关的艺术则“处在历史的界限之外”,丹托称之为艺术史的“选民主义”或“宣言主义”。格林伯格的艺术批评为丹托提供了证据,他称“创作抽象艺术的使命来自历史”[10],而体现了风格的混杂倾向的超现实主义绘画,则被格林伯格视作艺术风格的倒退:“超现实主义之反形式、反美学的虚无主义——来自达达主义,并继承了它所有肤浅的胡说八道——最终证明只是被现代艺术的唯美主义扫地出门的流亡者与浪荡子。”[11]丹托对此加以批判的立足点在于这种所谓“宣言主义”的逻辑对于“后历史时代”艺术的不适用性。作为我们所处时代的“后历史时代”与现代主义时代的本质区别在于是否具有叙事,现代主义美学的叙事结构决定了现代主义美学的审美排他性,然而,由于在“后历史时代”叙事已经终结,“一切都可以是艺术”[6]。丹托的批评意在指出,格林伯格的理论已经过时,不能适应后现代的艺术实践。

应当承认,如果说格林伯格的艺术史理论将形式主义美学绝对化了,丹托对于格林伯格的批判则在一定程度上将格林伯格的观点绝对化了,这使得格林伯格的艺术史理论似乎变得比其原本更为狭隘和封闭。但是丹托的批判并非没有根据,丹托的批判是演绎性的,是基于对于格林伯格论述本身的进一步推论,因而,它虽然超出了格林伯格论述本身的范围,却是以格林伯格的理论为基础的,丹托演绎出的结论包含在格林伯格的逻辑之中。以“格林伯格持艺术终结论”的论断为例,尽管格林伯格从未明言这一点,但是通过格林伯格已经承认的命题,我们可以合理地演绎出这一结论:他已经承认“自我批判”是艺术发展的方向,而且承认了现代主义已经实现了自我批判的胜利,那么,艺术的历史终结于现代主义,就是不言自明的命题,因为,艺术已经不可能在其确定的历史方向上再有任何进步。

丹托对于格林伯格的批判不仅是有根据的,也是基本有效的。丹托的批判主要从艺术的观念化和艺术的多元化出发,丹托的批评确实指出了格林伯格现代主义叙事单一化的问题,他一方面否定了叙事单一化本身,指出单一的叙事只能适应某一阶段的历史,而不能适应整个历史,另一方面则着重论述了现代主义的叙事单一化在后历史时代的不适应性。

不过,也有论者并不认同丹托的批判。例如,沈语冰指出:丹托对于格林伯格的批判是无力而乏味的,是哲学家们对于基础主义的批判的重复;并且,格林伯格的理论指向并非叙事的单一化,而是艺术的严肃性,丹托却将批判的矛头对准叙事单一化,丹托在这个意义上误解了格林伯格;而且,丹托的多元主义倾向具有颓废化的危机性，它意味着审美的贫乏和虚无主义。[12]沈语冰的批评代表了一种从为格林伯格辩护出发反驳丹托的批判的典型立场。事实上，丹托对于格林伯格“选民主义”逻辑的批判确实与哲学家们对于基础主义的批评类似，它们都指出了被批判对象通过确定艺术本质进而断言艺术价值标准的论证逻辑。但是，丹托对于叙事单一化的批判已经超出了基础主义的范畴，丹托此处的批判意在指出叙事在历史中的发展和更替，而不是叙事如何是基础主义的。其次，格林伯格对于艺术严肃性的重视不假，可是这并不与格林伯格艺术观的叙事单一化矛盾，也不意味着丹托对于格林伯格艺术观的叙事单一化的批判是错的。沈语冰也承认，从波德莱尔到格林伯格的现代主义理论家确实都持有一种排他性的一元论艺术观，他们对于艺术作品有所赞成，有所反对，而如果“后现代”真的是丹托所说“一切皆可”的无叙事状态，这种一元论的艺术观就确实与后现代状况不适应，即使他们的一元论体现了他们对于艺术的严肃态度。而丹托的多元主义理论也并不如沈语冰所说的那样激进，以至于丧失了创造性，甚至相反，它的问题恰在于还不够彻底，它的不彻底性导致了它的内在矛盾，即现代主义的理论本质与后现代立场的矛盾。

四、丹托的“艺术终结论”并未超越格林伯格的艺术史理论

丹托在对格林伯格的艺术史理论进行批判时面临的窘境，并不在于他误解了格林伯格，而是在于他的批判对他自己的艺术史理论同样适用。换句话说，丹托的“艺术终结论”并没有摆脱现代主义的本质特征。

首先，在丹托和格林伯格的思想中，艺术史都被设想为朝向某种“绝对状态”发展的过程，并且，这一“绝对状态”都以艺术对于其本质的自我意识为标志。二者的分歧只是由于对艺术本质的理解不同，而对艺术产生自我意识之“点”的定位不同。

丹托“艺术终结论”的核心之一——艺术的观念化，即艺术的“自我意识”，体现的正是格林伯格所强调的现代主义原则，只不过后者更喜欢将其表述为“自我批判”。从思想渊源的角度来看，格林伯格从康德美学中获得启示，认为康德提供了迄今为止最好的美学基础，而丹托则受到黑格尔的启发，认为只有黑格尔认真对待了艺术的历史问题，他自己的艺术史理论是对于黑格尔观点的“重复”。[6]但是正如丹托自己所指出的，从笛卡尔开始，直到哲学的语言学转向，二者之间的哲学都属于以自我意识为核心的“现代”传统，康德和黑格尔都以纯粹的自我意识作为哲学的基础。[6]

尽管丹托认为格林伯格和现代主义艺术对于艺术本质的认识是不充分的，但丹托也承认“艺术本身”是现代主义艺术的唯一主题，这个主题本身就体现了艺术

的自我意识，艺术本质的问题已经被提出了。丹托对于格林伯格艺术观的最终表述是，艺术获得自我意识的过程中“走过的错路”[6]，这意味着，现代主义艺术的自我意识虽然是不完善的，但已经走上了自我意识的道路，而在丹托眼中实现了艺术真正的自我意识的波普艺术，不过是实现了现代主义没有实现的使命。在丹托的“艺术终结论”中，波普艺术和现代主义艺术从事的是同样的事业，即对于自身本质的“自我批判”，只不过处于“自我批判”的更高阶段。丹托事实上承认了，现代主义虽然没有达到自我意识的终点，但是已经提出了自我意识的原则，丹托自己的叙事理论仍走在现代主义开辟的道路上。

其次，丹托对于格林伯格“审美排他主义”的批判，仅指出了艺术在“后历史时代”不再具有任何意义上的排他性，但是却没有否认艺术在历史终结之前的审美排他性。

丹托确定了艺术的自我意识作为艺术终结之“点”，这一个“点”构成了艺术史发展的方向，由此导致的理论后果是和格林伯格一样的“审美排他主义”。对于格林伯格而言，不能体现“形式-题材”矛盾的艺术作品是处于历史之外的，在丹托的艺术史结构中，不能在现代主义之后带领艺术走向真正的自我意识的艺术也是处于历史之外的。在丹托看来，只有安迪·沃霍尔等人的艺术实现了艺术进行自我反思的历史使命，同时期的其他艺术却都被丹托忽略了。艺术的平等原则和绝对自由只在历史终结后的时代才有效力。在历史终结之前的全部过程，甚至在艺术终结的时刻，即波普艺术提出艺术本质的问题的时刻，艺术之中仍然有着“是否具有历史性价值”的区分。在丹托“后历史时代”的理论下，当代艺术的多元化现象或许可以得到一定程度的解释，但是丹托仍然无法避免艺术史批评的“审美排他主义”。

丹托将格林伯格（也包括同时代的现代主义艺术家们）通过确立一种艺术本质，进而宣布何种艺术有意义、何种艺术无意义的观点称为“宣言主义”。然而，丹托的“艺术终结论”并没有反对“宣言主义”本身，只是反对了现代主义艺术所提出的各种版本的“宣言”。丹托不过是在反驳现代主义美学家的“媒介、物质的美学”之后，提出了自己关于艺术本质的“宣言”。他将格林伯格以物质和感知为核心的“媒介的美学”修改为以感知层面的“不可分辨性”为核心的“意义的美学”，进而修改了格林伯格“艺术终结论”所断定的艺术的“终结之点”以及关于何种艺术具有意义的尺度，但仍然保留了“宣言主义”的基本逻辑。丹托的“艺术终结论”仍然是一种具有审美排他主义性质的“宣言”。

最后，丹托“艺术终结论”中存在着宏大叙事与反叙事的矛盾。

丹托“后历史时代”的理论具有一种解构叙事的倾向，丹托试图用“无叙事”的“后历史时代”反驳格林伯格美学的“审美排他主义”，但是丹托的反叙事理论仍然是有叙事的，它甚至是以哲学史上最顽固的叙事结构——黑格尔哲学——为基础的。与其说“后现代状况”对于丹托而言是“无叙事”的，不如说丹托将“无叙事状态”作为叙事的一个阶段编排进更大的叙事结构之中，使叙事成为“关于叙事的叙事”[6]。丹托引用让-弗朗索瓦·利奥塔（Jean-Francois Lyotard）的《后现代状况》作为他的“后历史时代”的补充阐释[6]，他认为利奥塔对“宏大叙事失去了可信性”[13]的“后现代状况”的描述与他的“后历史时代”做出了同样的历史判断。但是丹托忽视了他与利奥塔之间的根本差别：他自己是把“后历史时代”的无叙事状态放到更大的叙事结构之下考察的，而利奥塔只是对叙事状况的改变做出了“描述”。丹托认为，即使是在艺术终结之后的时代，我们也不能真正处于历史结构之外。[6]如果后现代状况是一种彻底的无叙事状态，那么丹托的“艺术终结论”并不能解释这种状态，反而扩大了宏大叙事的结构，并构成了对彻底的无叙事状态的反驳。

丹托的哲学思想经历了从反对宏大叙事到支持宏大叙事的转变。在丹托的早期著作《历史的分析哲学》中，他将对于未来做出预测再从未来回看过去的历史哲学称为“实质的历史哲学”（substantive philosophy of history），丹托认为它们不具有合法性，历史学的真正任务只是对历史作出“最小程度的描述”。反宏大叙事的历史观一直保持到丹托从事艺术哲学之初，丹托在其最早的美学论文《艺术世界》中提出了“风格矩阵”的观点，“风格矩阵”中的每一种艺术之间都可以进行具有历史追溯性的比较。[14]然而，黑格尔在丹托思想中的出现，改变了丹托历史思想的格局，丹托从一个反对历史哲学的激进哲学家变成了一个宏大叙事的支持者。丹托对于自己思想的巨大转变有清晰的认识，他认为自己早年的观点是受逻辑实证主义影响，此时他则主张宏大叙事对于艺术史研究的必要性。[6]

至于为什么宏大叙事是可靠的，丹托并没有提出有效的论述，他仅仅指出了“艺术终结论”的宏大叙事是被历史的经验性事实证明了的原则。丹托认为，从“有叙事”到“无叙事”的“后历史时代”之间的断裂是被经验到的，这使他相信应该用更大的宏大叙事把二者统一起来：“我今天可能会比1965年采取一种更为宽容的历史实体哲学观点，当时我的著作是在实证主义最热的后期写的。但是，这是因为对我而言，这似乎越来越有道理，即存在某种客观的历史结构……这个不连续性来得非常突然，经历一个变化到另一个变化的人们可能会感觉到一个世界——在我们的例子中是艺术世界——已经走向终结，而另一个世界则开始了。”[6]丹托试图仅通过已经发生的事实，来证明包括未来的事实在内的历史性断言，这种经验性论证是不充分的。因此，“艺术终结论”的宏大叙事仍然是一种假说，它有被未来的事实证伪的可能性。这种被证伪的可能性是不能被否认的，如果丹托通过经验证明其“艺术终结论”对于过去而言是可靠的，再通过“艺术终结论”论证未来的经验不可能违背其理论,这就是一种循环论证。因此,丹托的叙事理论不仅是现代性的,而且也是欠缺有效论证的。

结语:丹托“艺术终结论”的内在矛盾

对于丹托对格林伯格艺术史理论的批判以及丹托与格林伯格之间的理论关系,学术界的观点可以分为两类。第一类观点对丹托的批判表示认同,其代表人物如诺埃尔·卡罗尔(Noël Carroll)、迪亚穆伊德·科斯特洛(Diarmuid Costello)等,他们认为,丹托对于格林伯格的批判指出了格林伯格艺术史理论的狭隘性和局限性,对于当代艺术的创作与批评具有启发性意义,并认为丹托的“艺术终结论”超越了格林伯格的艺术史理论。[15][16]这一类观点虽然正确地评估了丹托对格林伯格的批判,却忽略了丹托的艺术史哲学在本质上仍处于现代主义理论视野的事实,因此,这一类论者对于丹托“艺术终结论”以及丹托与格林伯格之间理论关系的考察是有待完善的。

另一类观点则反对丹托对格林伯格的批判,并认为,丹托误解了格林伯格,丹托的“艺术终结论”当然也未能超越格林伯格的艺术史理论。例如,笔者在本文第三部分结尾处分析过的沈语冰对丹托的批判。这一派论者错误地评估了丹托对格林伯格的批判,却正确地指出了这一结论:丹托的“艺术终结论”并未超越格林伯格的艺术史理论。然而,他们对这一结论的论述仍然是不充分的,一方面,他们将丹托的“艺术终结论”简单地解释为一种后现代理论,却忽略了丹托的“艺术终结论”与真正的后现代理论的分野以及其与现代主义艺术史叙事的本质联系;另一方面,他们事实上将对丹托的批判转化为从现代主义立场出发对后现代主义的批判,从而脱离了丹托的理论本身。[12]

本文在第二部分的结尾处为丹托对于格林伯格的批判作出了辩护,但本文并不是要维护丹托的理论本身,相反,本文旨在由此提出对于丹托艺术史理论的新批评,因而本文的观点与上述两派观点均有差别。本文承认了丹托对于格林伯格批判的有效性,却否认了丹托的艺术终结论是一种真正、彻底的后现代理论,也否认了丹托“艺术终结论”对于现代主义艺术史叙事的理论超越。由此,本文拒绝了对丹托艺术终结论的表面化理解,并且将目光集中于对丹托艺术史思想内在矛盾的考察。

丹托在20世纪中叶美学界的反本质主义潮流中坚持本质主义,无疑是逆流。但对于具有艺术敏感性的丹托而言,反本质主义是他必须面对的时代问题,如果丹托逃避这一问题,就只能像格林伯格一样被贴上过时的标签。丹托选择在他的艺术史理论中处理反本质主义的问题,由此形成了他的“后历史时代”理论,然而,他并没有放弃本质主义的根本立场,也没有真正调和本质主义与反本质主义的矛盾,这一矛盾一直存在于丹托的艺术哲学中,它在丹托艺术史理论中的表现就是现代主义的理论本质与后现代的理论立场的矛盾。

由于“后现代-当代”是丹托对于自己艺术终结论的理论定位,论者在谈及丹托的“艺术终结论”时,往往只谈到丹托艺术哲学的这一维度,例如,沈语冰对丹托艺术观的总结:“丹托,一位从英美分析哲学传统中冒出来的哲学家,很高兴能分享法国左派激进知识分子的受挫的热情所幻化出来的产物:后现代主义。”[12]然而,正如本文所展示的,丹托并不是一个彻底的后现代主义者。丹托“艺术终结论”的理论目的是后现代的,其理论本质却是现代的。这意味着,丹托的“艺术终结论”不能构成对于格林伯格现代主义艺术史理论的根本性超越,因为他们事实上共享了同一种思想基础。同时,丹托“艺术终结论”也无法对当代艺术的后现代状况提供令人满意的解释,因为它自身仍然是现代主义的。

丹托在两种意义上处于美学的交叉路口,一是分析美学与后现代理论的交叉路口,二是现代主义与后现代主义的交叉路口。论者往往认为格林伯格是现代主义与后现代主义的分水岭[17],但事实上,丹托比格林伯格更符合这一描述,因为丹托同时具备了现代主义与后现代主义的特征。丹托的“艺术终结论”是现代主义艺术史理论在面对“后现代”的艺术实践新状况时所形成的内部调整和自身完善。真正的、彻底的后现代理论必须从丹托的现代主义特征中解放出来,才能被提出。

参考文献

[1] Carroll, Noël. Essence, expression, and history: Arthur Danto's philosophy of art[M]//Danto and his Critics.John Wiley & Sons, 2012.

[2] 沈语冰.格林伯格之后的艺术理论与批评[J].浙江大学学报(人文社会科学版),2010,40(2):59-67.

[3] Greenberg C.Commentary on Piero della Selinche and The Arch of Constantine[M]//O'Brian J. The collected essays and criticism. University of Chicago Press, 1988.

[4] 克莱门特·格林伯格,沈语冰.现代主义绘画[J].油画艺术,2019(1):29-34.

[5] 克莱门特·格林伯格.艺术与文化[M].沈语冰,译.桂林:广西师范大学出版社,2009.

[6] 阿瑟·丹托.艺术的终结之后[M].王春辰,译.南京:江苏人民出版社,2007.

[7] 诺埃尔·卡罗尔.艺术哲学[M].王祖哲，曲陆石，译.南京：南京大学出版社，2015.

[8] 阿瑟·丹托.美的滥用[M].王春辰，译.南京：江苏人民出版社，2007.

[9] 阿瑟·丹托.寻常物的嬗变[M].陈岸瑛，译.江苏人民出版社，2012.

[10] 克莱门特·格林伯格，易英.走向更新的拉奥孔[J].世界美术，1991(4)：10-16.

[11] Greenberg C.Surrealist Painting[M]//O'Brian J. The collected essays and criticism，Vol. 4. University of Chicago Press， 1988.

[12] 沈语冰.哲学对艺术的剥夺：阿瑟·丹托的艺术批评观(下)[J].世界美术，2003(4)：71-77.

[13] 让-弗朗索瓦·利奥塔尔.后现代状态[M].车槿山，译.南京：南京大学出版社，2011.

[14] 阿瑟·丹托.艺术世界[M]//外国美学 第20辑.南京：江苏教育出版社，2012.

[15] Carroll N. Arthur Danto's philosophy of art: essays[M]. Brill， 2021.

[16] Costello D. Greenberg's Kant and the fate of aesthetics in contemporary art theory[J]. The Journal of aesthetics and art criticism， 2007， 65(2)： 217-228.

[17] 沈语冰.哲学对艺术的剥夺：阿瑟·丹托的艺术批评观(上)[J].世界美术，2003(3)：70-76.

现代性美学的黄昏

——论阿多诺对黑格尔艺术美的批判

冯琳童*

阿多诺在《美学理论》中对黑格尔的“艺术美”观念进行了大量的讨论和批评，足以见得黑格尔的艺术理论对其产生了举足轻重的影响，二者之间的关系始终是学界内外关注和争议的重点。部分学者认为阿多诺对黑格尔的讨论是用非同一的、破碎的艺术要素维护同一性的艺术理想，阿多诺对黑格尔艺术美观点的批判实际上没有脱离黑格尔的理论框架。阿多诺合理地呈现了黑格尔艺术观中普遍理念对艺术作品的暴力以及艺术比现实更完美的乌托邦倾向。但是，阿多诺对黑格尔理性观念的批评也使他自己的艺术观由于过于强调流变而失去了确定性，艺术评判流于任意、专断。

事实上，只有结合与时代相关的日常理性观念，艺术的感性审美才在理性的综合中成为对现实的认识。只有考察阿多诺对黑格尔艺术观中的理念论批判、同一性批判以及思辨辩证法的反动性批判，我们才能更清楚地了解阿多诺美学的功过得失。

一、黑格尔：艺术是必然显现的理念

黑格尔从美的理念（Idee）出发，将艺术美从感性判断中脱离出来，认为“艺术（美）即绝对理念的表现”。[1]鲍姆嘉通过结合莱布尼茨“混乱的认识”和沃尔夫“美在于完善”两个观念，认为艺术美是“凭感官认识到完善”[2]将判断标准视为对外在事物的感觉、记忆和想象等感性的判断力。黑格尔否定这种感性美学，他认为感觉是“低级的认识能力”，艺术品应该具有普遍、客观的东西作为内容，由此将艺术美从主体方面的特殊存在提升为绝对精神的显现。

*作者简介：冯琳童（1996— ），女，河北唐山人，湘潭大学哲学与历史文化学院（碧泉书院）哲学专业硕士研究生，现为西安交通大学人文学院博士研究生，研究方向：美学。

黑格尔的艺术美并不仅是理念的显现，而且也是理相(Ideal，朱光潜将其译为理想)[3]。理相是必然显现的理念，正如布丽吉特·希尔默(Brigitte Hilmer)视黑格尔“艺术的逻辑”为“概念的显现活动”。黑格尔强调艺术外在形体的具体性，并且以理念的同一性摆脱了艺术美观念中主客观之间的对立。艺术美仅仅是塑了型的理念，理念与具体艺术存在之间的中介无关乎艺术家的个性和主观性，“理想的艺术作品……要求达到外在显现的是现实事物的自在自为的真实性和理性”，仅仅是“轻浮的想象绝不能产生有价值的作品”[4]。贡布里希曾批判黑格尔将艺术作为民族精神和时代精神的表现，他认为艺术应走向严格自律：“艺术史可依据其哲学中决定一切事件的稳步进化原则加以理解……这样的做法显然是错误的……”[5]但是，贡布里希的艺术创作路径同样存在问题，他所强调的艺术家绝对自律的创作过于强调艺术家自身的趣味，不仅否定了艺术所具有的历史性，而且忽视了观赏者的价值以及艺术精神的发展。

在艺术美的地位上，黑格尔认为，艺术美在真理上的作用完全超越了自然美。众所周知，康德认为艺术美的判断是在一定概念之下考察客体的表现，由此，他认为艺术美是一种不自由的、低于自然美的依附美。与此不同，黑格尔认为：“一切美只有在涉及这(心灵)较高境界而且由这较高境界产生出来时，才真正是美的。”[4]自然美由于不是直接体现理念的自然存在物，从而只是艺术美的附庸。“艺术美即绝对理念的显现”将艺术神化，布达佩斯学派的代表人赫勒就曾批判黑格尔这种“高雅艺术”观念，他认为，神化的艺术意味着绝对精神能够回到自身，认识自己的现实性，但是，这种回归不仅没有在现代世界实现，而且，“高雅艺术”已经不再能够占据现代性的高位。赫勒的批判并不能让人信服，首先，虽然他从黑格尔的历史观出发，但是将眼光限定在了现代，未在发展的层面对其进行理解；其次，他脱离了黑格尔的自由和心灵满足的规定性对其进行谈论，得出人们没有哲学也可以自由生活，没有高雅追求也可以得到心灵满足的结论。

艺术美是理念的感性显现，还意味着艺术自身固有实在性缺陷。正如黑格尔所提到的三种艺术类型——象征艺术、古典艺术和浪漫艺术，就处于逐步摆脱外在感性形式束缚的发展过程中，理念必须从外在的感性实存中进一步向精神性迈进，根本的规定性变成内在性或是主体性。具体的艺术作品对于诠释者或是真理的发现者而言不是必需的，真理无需艺术作品便可敞开自己。相对于“理念的感性显现”这一构成性概念来说，艺术的精神化发展意味着艺术真理论正趋于终结。“艺术就他的最高职能来讲，对我们现代人已经是过去的事情了。”[1]在《艺术作品的本源》这一著名的演讲中，海德格尔就有意与黑格尔进行对话，他认为，艺术美仍然是真理的显现，“黑格尔的判词尚未获得裁决”[6]。海德格尔从遮蔽与无蔽、世界与大地的原始斗争的层面去理解“非对象性”的物因素，代替了黑格尔将艺术视为表现理念的感性理相。但是，在尚未摆脱“惯常性”的日常此在来说，不从艺术的感官形式表象出发，而是将其作为斗争性事件很难实现。

黑格尔一方面将艺术美从感性享乐，对于意义的寻求中解放出来，将艺术的发展与“一般世界的情况”相联系；另一方面又不限于绝对的形式，而是从艺术内部寻求普遍的规律，实现内容与形式相统一的艺术美。但是，这种带有普遍主义、宏大叙事特征的历史哲学的美学观念，在现代伊始就面临挑战。不过，以往的哲学家或是艺术家对黑格尔艺术观的批判思想的研究仍存在许多问题，阿多诺在此基础上展开了更完善的讨论。

二、艺术非理念的显像，而是感性在社会和历史中的生成

艺术作品中的感性因素是群众接受的关键，艺术要继续生存必然要将其包含在自身之内。阿多诺反对黑格尔艺术观对理性因素的过分强调，他认为感性因素在艺术中的地位同样重要，“重要的艺术作品有意让前艺术(感性)维度成为己有。事实上，当反艺术被完全剔除出去时，艺术也就不再是艺术了”[7]。他以小提琴的街头表演和舞台戏剧为例说明感性的重要性，如果抛弃了感性的背景，即使其主题的理性观念要素保持不变，它们的艺术性也会完全消失。精神化的艺术作品并不是不再携有任何他们想要摒弃的再现要素，相反，越是成功的艺术作品，就越是无法去除感性的痕迹。

艺术的感性因素与艺术的社会大众接受性密切相关。在阿多诺看来，黑格尔所欣赏的“高贵的单纯，静穆的伟大”的艺术作品仍然具有社会性，艺术的感性因素是它们能在社会上被接受的条件。有些艺术家和市场之间或许存在保护人或赞助人的中介，似乎由于不直接接触市场，而具有绝对的自由和自律。但是，这只是艺术和市场二者的关系暂时被隔了一层，艺术作品不仅生产方式本身具有社会性，而且其内容也取材于社会。当代艺术不仅与特权阶层发生关系，还与现代相融合，由此将艺术作品暴露于市场之中。带有感性色彩的艺术看起来是一种倒退和破坏，实际上是传统艺术作品的公开化。如果艺术家所创作的艺术作品仍然坚持自身理性，对社会制度和意识形态进行绝对反抗，则无法被大众所接受，不仅艺术家无法维持生存，这样的作品也无法对社会产生影响。任何社会的艺术都有严肃艺术(serious art)和轻艺术(light art)，前者是体现理念的层面，后者是具有愉悦性质、广受群众欢迎的层面[8]，二者看起来有质的差异，但事实上它们之间并没有截然的

区分,一直共存于艺术之中,摒弃感性因素参与的艺术美无法实现。

艺术的感性因素还体现在艺术经验的生成过程中。阿多诺认为,黑格尔之所以重视理念的感性显现,主要是因为他只将艺术作品看作是结果,“将概念上升到理念,就很庸俗地忽视了艺术的核心要素:艺术的形式”[7]。人们更应该重视艺术作品生成的过程以及艺术家或观众的审美经验,艺术作品并不应该被视为艺术的结果,而应该被视作主体审美的媒介。在不同的社会历史情境下,主体生发出无限的、不同的且不能完全呈现在艺术作品上的感性想象。伟大的艺术品是这个生成经验中的一个“暂停”,如果仅仅从概念的角度去理解艺术,人就不可能领悟到艺术的全部内涵,观众只有从自己体验的过程中感受艺术经验,才能够升华自己的体验,摆脱被知识支配的局面。艺术家和观众是观念体现为感性作品的媒介,必然在社会生活背景下进行“自由创作”和“自由想象”。

尽管阿多诺对黑格尔艺术观中过度强调理念的批判具有合理性,但仍遭到了部分学者的否定。詹姆逊对阿多诺的非同一性观点进行重新解读,他认为阿多诺所做的并非否定黑格尔的同一性体系,而是用一种非体系化的、更大形式的、非叙事的方式维护绝对的体系。但是,阿多诺将艺术看成一个过程与黑格尔理性主义的同一性体系美学是不同的。首先,阿多诺不仅将艺术作品视作一个过程,而且强调每一个具体的艺术作品中都有感性要素的参与,艺术家或观众对艺术作品各要素之间联系的否定表现了他们的能动性。阿多诺并不否认艺术受客观性的影响,从而具有同一性倾向,但是,主观感性的纬度同样是艺术之为艺术的条件。其次,阿多诺不仅将艺术作品视作一个过程,而且强调具体艺术作品的独异性,每个具体的作品都是此时此地主体感性经验的表达。不同于黑格尔艺术观中艺术作品具有本质的同一性,阿多诺的观点更能够解释现实生活中各式各样的美的艺术。

罗伯特·皮平认为阿多诺对黑格尔艺术理论的批判完全基于他对黑格尔的误解,“并没有触及黑格尔的立场”[9]。在他看来,黑格尔不仅没有将艺术及其感性要素同化为哲学中的概念,而且明确了二者之间的差异是多么重要,思维的力量就在于仍然能够在感觉中重新认识自己,从而回归理念自身,感性层面的内容仍然是作为理念整体的一部分出现。并且,阿多诺对同一性的“抽象否定”,使他的立场停留在对一种模糊的不确定性或不可同化性的呼吁上,这会使现代主义艺术变成单一重复的“困境意识”。皮平的判断并不令人信服,首先,虽然黑格尔肯定感性与思维之间的差异,但是他仍然认为意识可以把握一切,感性是未被意识到的理念的表现,因此在根本意义上二者仍然是同一的,只是在过程中以差异的形式表现出来。

其次,阿多诺对理性的否定,建立在肯定理性所把握内容的基础上,因此不能将这一否定归于简单任意。阿多诺通过否定理性的有限性强调差异,摆脱概念思维对主体的束缚,每一幅通过感性与理性悖论式“汇合”所形成的具有“无法表达的痛苦”表象的艺术作品都具有各自的意义。

三、艺术非绝对同一,而是各种异质性要素之间的斗争

艺术内部各要素不能达成和解,它们的斗争以和解的表象表现出来,产生了艺术性的效果,从而成了艺术作品。阿多诺认为有两种斗争情况能引起艺术性,一是精神对表象的斗争,二是艺术精神之间的斗争。就前者而言,就像动物想要摆脱已经长成的角一样,现代艺术也极力摆脱自然的感性表象,艺术家在创作过程中对自然存在施加自由创造力和想象力,从而创作出优秀的作品。就后者而言,呈现在单一艺术品中的艺术精神是静止的,但是在客观历史影响下主观的幻象会随着创作、流传以及观赏的社会历史变化不断改变,因而具有一种不断斗争的再生属性,艺术作品表象的形成必然既有客观历史的参与,又有不断超出之前经验的新的瞬间审美感受。由此,阿多诺认为没有绝对和解意义上的美,一切要素都参与了艺术作品的构建。艺术之所以美不是因为客观历史性的绝对统治使它服从社会齐一化的规则,而是因为在与社会意识形态发生对抗的过程中表达了主流文化不能包容的痛苦。在这一层面,恩斯特·布洛赫对阿多诺的影响巨大,他认为艺术自身的意义取决于艺术对于真理和现实的拷问。[10]只有通过对意识形态的反抗,艺术才能获得表达真理的可能性。正如保罗·克利的箴言,“艺术不是再现可见的东西,而是使之可见”。

阿多诺反对黑格尔艺术观中形式与内容辩证同一的观点,批判黑格尔“企图掩盖艺术及其所有作品的矛盾”[7]。黑格尔所追求的艺术美是形塑了的理念,即显现的形象完美适应普遍性理念。与黑格尔对艺术美同一性看法及其将古典艺术当成理想的观点不同,在阿多诺看来,仅从一个观念内核出发来理解艺术,会突出一般,而忽视特殊。黑格尔为了强调艺术的同一性,将其原本应有的异质性因素描述为低级主观感性要素的渗入,并通过辩证法的方式不断否定这些感性要素,逐渐向理念靠近。这种观念所把握的艺术本质上与文化工业无异,都遗忘和失去了艺术的本源。不仅如此,黑格尔对已经实现精神内容的古典艺术的崇尚与他的辩证法思想相互矛盾,“黑格尔对美的静态定义‘美是理念的感性显现’阻止了美学的辩证法”[7]。

在阿多诺看来,艺术作品的材料、媒介等作为异质性要素参与了艺术精神的构建,与黑格尔基于古典艺术的同一性观点与现代艺术不同,阿多诺极力为现代艺术辩护。现象的秩序具有历史性,在不同的历史时期通过不同的形式表现出来,虽然

现代艺术的形式与内容之间的关系不像古典艺术那样有严整的秩序,显得比较混乱,但是,看似混乱的艺术表象也具有一种秩序,现代社会中美的艺术将混乱和分裂的各要素以散落的形式包含在自身之内,将相互异质的内容保留在矛盾或悖论的状态之下。任何艺术作品都有自身的形式,那些被理性至上的观察者视为杂乱无章的东西,正是以混乱作为自身的形式。当我们转变对艺术作品的考察方式,将具体的要素以及历史主体的经验作为支点,作品将显得清楚明了、井井有条。

现代观赏者通过将瞬间化的感性、想象等异质性因素包含在审美经验中,在艺术欣赏过程中获得超出艺术家能够表达的内容。阿多诺认为艺术的本质就在于欣赏者具有超出艺术家观念的审美体验,"要从那个'更多'的偶然性中攫取这个'更多',要掌控其表象,并将它规定为表象并否定它的现实性:这就是艺术的概念"[7]。按照黑格尔的艺术美观念,艺术作品就是包含人的意义结构和精神追求在内的时代精神在感性层面的呈现,社会精英可以凭其理性直接把握到时代精神,而普通大众只能在欣赏艺术作品的过程中领会作品呈现出的内容,从这一角度看,作为观赏者的普通大众低于艺术创作者。但阿多诺并不同意这种观点,他认为,艺术作品所呈现出来的表象仅仅是历史性瞬间的灵感,任何一个艺术作品都不能直接对应绝对精神的某个阶段。

阿多诺对黑格尔同质性的批判引发了学者的广泛讨论,美学研究专家欧文·胡拉特(Owen Hulatt)同意阿多诺对黑格尔艺术同质性观点的批判,他认为作品所呈现出的和解表象是各个要素之间斗争的结果,艺术美的分析应考察非同一性的审美材料的形式化过程,从而形成一个同一性整体。但是,胡拉特的这种观点中的超越性,仅仅是一种"理想"状态,他认为:"审美形成的过程仅限于遵循所选的审美材料的形式要求……审美形成的过程的作用就是调和这些相互竞争的形式要求,以此形成完整的艺术品。"[11]虽然主观感受和意图常常被艺术作品意义的真理性内容所遮蔽,似乎受到真理的指引而出现一种"无我"状态,但是这种状态仅仅是艺术真理与主观要素之间的张力恰好达到了瞬间的和谐,一方面,观赏者通过反思艺术作品中各种艺术要素之间的关系,意识到它们传递出来的思想的有限性,另一方面,观赏者的特殊历史文化背景和偶然的个人生命经验也会让他在观赏艺术作品的过程中产生出超越艺术表象本身的无穷丰富的审美体验和瞬间想象。正如烟花的美在于瞬间的绽放,艺术的美就在于能够让主体在审美体验中感悟偶然性以及瞬间的灵感等前艺术要素。如此说来,一般大众由于其感性和想象的参与能够获得高于精英理性分析的更多内容,艺术家能够画出来的东西是人的逻辑思维能够容纳的有限内容,而观赏者由于能够获得"更多"审美内容,从而高于艺术家自身。

美学家西蒙·贾维斯通过对黑格尔艺术作品类型进行分析提出"阿多诺美学的

许多核心特征已经存在于黑格尔的思想中”[12]。首先,他认为,阿多诺对于异质性以及与想象相联系的自律性的关系的看法,来源于黑格尔对古典型艺术和兼有自律性与异质性的浪漫型艺术的分析;其次,阿多诺认为异质性构建了艺术自律性的观点的实质就是将艺术作品的客观历史性与主体建构性区分开来,这种区分恰好就在黑格尔哲学之中。因此,贾维斯抓住黑格尔思想中对异质物的承认,否定了阿多诺批判的意义。事实上,贾维斯没有意识到黑格尔和阿多诺对艺术差异性的讨论有着本质性差别,绝不能认为阿多诺的观点已经包含在黑格尔的思想之中。黑格尔是在世界呈现为整体的背景之下对具体的艺术作品进行考察,艺术与精神之间或是艺术内部各要素之间的关系呈现为必然性的和解状态,作品本身就是精神的存在。而阿多诺强调各种异质性要素共存于艺术作品的表象之中,但它们并不因为是同一个艺术作品的要素就失去了差异性,失去了斗争的张力。正如其在论及文化工业时曾指出,人们如果要打破齐一化规则的束缚,就要将灵感乍现的感受性内容与理性的形式相结合,在艺术和解表象之下,各种异质性要素之间仍然存在着断裂和不和谐。

四、艺术乌托邦悖论与黑格尔的反动性

艺术的异质性因素是其构成性因素,一方面这决定了艺术总是不断地否定现实,倾向于乌托邦艺术的理想;另一方面这决定了与现实完全同一的乌托邦艺术不可能实现。黑格尔的艺术终结论和“乐观的历史主义”两个矛盾的立场正好反映了这一悖论。就黑格尔的艺术概念而言,只要艺术的理念摆脱了感性的呈现方式,实现了绝对的精神化,艺术就实现了自身,走向终结。与此矛盾的是,黑格尔还持有“乐观的历史主义”,即按照理念的发展本性,它会逐步呈现在现存事物之中,最后是理念的绝对实现,就此而言,艺术当然也应该在历史的演进过程中不断地演进,呈现出更新的理念内容,而不是被宗教和哲学所取代。这反映了黑格尔的世界精神理论和艺术理论的互不兼容。在前者中,艺术只是一种理念的“显现形式”,并且是世界精神自我实现过程中需要被抛弃的非本质环节;而在后者中,艺术是一种“精神需要”[1],是精神的自我反思形式,没有艺术,精神的自我认识或自我反思就不完全,它表达了人类的人性和神性、精神的最深刻旨趣以及最广泛的真理。

阿多诺通过现实社会的分裂性与艺术的乌托邦之间无法估量的距离规避了这一矛盾。作为现代艺术战壕的坚定成员,阿多诺认为,艺术与社会现实之间有一种悖论性的关系,一方面艺术越被现实秩序束缚,越希望表现现实世界的恶,它就越是倾向于预设一个纯善的世界,成为艺术乌托邦;另一方面,作为乌托邦存在的艺

术让人在恶性的社会现实中看到了善的希望,从而给世界以一种安慰,淡化了对现实世界之恶的感受,但是,这无疑是一种逃避的行为,背叛了艺术乌托邦救赎的初衷。在阿多诺的这种思考中,乌托邦式的救世思维和唯物主义的现实思维之间的裂痕显而易见,“幸福和实践之间的深渊”如此之大且深,以至于无法估量,任何人类想要弥合这种裂痕或深渊的想法或实践变得毫无意义。艺术是社会的对立面,不能直接从社会中推导出来。因此,现代艺术将所有令人厌恶的东西聚集起来,形成一幅断裂的艺术作品,它放弃了各种因素之间的和解表象。

在阿多诺看来,黑格尔的艺术乌托邦观念只看到了艺术和解的表象,没有涉及艺术的实质。和解艺术遮蔽了非和解的、对抗性的、破裂的现实,这种艺术观无疑具有意识形态反动性和保守性。黑格尔在浪漫主义艺术阶段承认非同一性因素的存在,但是他认为,绝对精神一旦意识到艺术中存在异质性因素,就应该马上超越和否定这些异质性因素,将它们扬弃在更高的哲学精神形态中,而不能够表现理念的艺术只能走向终结。阿多诺认为艺术作品的统一不是黑格尔意义上多方面的绝对同一,这种统一性扭曲和损坏了艺术自身,真正的统一性是各种不可调和的因素通过暴力所达成的表象上的和解。不仅如此,黑格尔对艺术统一性和艺术终结、艺术终结之后的艺术的观点与现代艺术特征明显不符,与黑格尔想象的不一样,现代艺术仍然在精神契机与感性契机的对立式“交汇”中继续存在,并且还呈现出远比古典艺术和浪漫艺术更高的精神内涵,过去的艺术仍然能够凭借其内容在一个崭新的、不同的文化社会中幸存。由此,“黑格尔的美学既是古典主义也是反动的”[7]。

学界不少人认为阿多诺对黑格尔的批判是一种误解,他们认为黑格尔只在讨论“理念的感性显现”的抽象逻辑演绎时才谈论艺术终结。正如保罗·盖耶认为,艺术终结论只是黑格尔从认知绝对者的角度做出的形而上学判断,在艺术史叙述或是艺术评析中,黑格尔并没有“终结”的悲观主义。他引用黑格尔的话说:“正是作为这一理念的外部实现,广泛的艺术万神殿正在崛起……但要完成它,需要世界的历史几千年的发展。”[1]黑格尔提出超越三种艺术类型的第四种类型,在这种艺术类型中,艺术家能够根据自己的主观技能摆置所有类型的材料,根据特殊的材料来选择特定的艺术表达形式,完全没有艺术形式的类别观念。正如朱立元认为,“是海德格尔把‘伟大的艺术趋于终结’的命题加在黑格尔头上的,不是黑格尔自己提出来的”[13],黑格尔本人没有用“ende”来明确表达,而是明确指出他那个时代的艺术是浪漫型艺术的所有阶段已经全部走完之后出现的一种新的“自由艺术”,并且呈现出强大的生命力,走向了全新的更高发展阶段。正如丹托认为黑格尔所说的“辉煌时代”的艺术是作为“一个历史阶段而结束的……他本人并没预言不再有艺术品"[14]。艺术终结仅仅表明,艺术失去了"历史的发展方向"。

没有人会反对黑格尔的美学终结具有逻辑演绎的性质,但这并不妨碍我们认为,这种逻辑演绎也体现了他对现实艺术的看法。黑格尔的哲学是理性的哲学,说到底是反宗教的,所以也是反艺术的,他对艺术死亡的强调远比乐观主义要多。海德格尔从黑格尔的名言"艺术就它的最高职能来讲,对我们现代人已经是过去的事情了"[1]得出结论说,艺术不再是显现理念的最好方式。黑格尔没有明确提出艺术终结论,并不能说明这种观点不符合其本意。黑格尔用以表示终结的"der Ausgang"确实有"出口""入口"之意,用来表明,在被"弃"之后还有"出路",本意仍不离扬弃。但是扬弃就如同谷物过筛,即使其有效成分被保留下来,也改变了其原有的形态,其重点仍然是一种"弃"。因此,我们仍然可以认为艺术在总体上终结的观点并不是对于黑格尔思想的歪曲,从而印证了黑格尔艺术乌托邦的悖论和思想的反动性。

五、艺术的真理性及其艺术—哲学关系

求美是艺术的天职,但是艺术不仅仅是求美,更应该求真。在20世纪,阿多诺和海德格尔都认为艺术作品是"谜"一样的东西,海德格尔对谜底的探寻是向着一种超现实的、超历史的始源境界的追溯,而阿多诺的艺术之"谜"则根源于社会现实。艺术作品的真理内容取决于现实不被歪曲,在艺术作品中展现现实的原貌,这使得阿多诺的艺术真理观区别于海德格尔而走上了马克思主义道路。

阿多诺试图通过为具有批判性和否定性的现代艺术辩护,消除晚期资本主义时代的人类异化状态。艺术品的真理内容不是通过格式塔心理学对于艺术作品要素的直接把握,而是首先建立在感性经验的基础上,通过主体感性经验对艺术的表象进行把握;其次,"艺术作品没有确定的否定就没有真理"[7]。艺术的真理性要求艺术超越事实表象,形成超越于各要素的"更多"。展现艺术作品真理性内容的前提是,主体必须能够实现对审美综合所形成的表象的否定,而且能够将这一否定作为审美意义清晰地表达出来,回归审美综合,正如维尔默所说:"现代艺术作品必须在运动中凸现审美意义,而在同一运动中又要否定这一审美意义。"[15]

阿多诺对艺术真理性的强调不仅仅与艺术的社会政治意义有关,而且也与他对日常生活中艺术美与自然美关系的认识有关.阿多诺认为艺术并非模仿现实,而是模仿某种基于现实而又超越现实的东西,即自然美,因此他高度重视自然美的意义。正如阿多诺研究专家沃林曾提到:自然美的范畴被赋予了极大的隐喻意义,他再现了某个不可还原的他者,某个超越主观自我证明所及范围的原始状态,由于这个原因,那个状态受到人们的珍视和模仿。[16]自然美是艺术美的

基础,理想中的自然成为艺术模仿的原型。因此,在阿多诺看来,黑格尔完全否定自然美对艺术美的影响,这是对艺术史的粗暴歪曲。“黑格尔……从自然的缺陷中演绎出艺术,却很奇怪地无视了艺术的历史起源正是从直接现实的不足中衍生出艺术美的必然性。”[7]倘若离开了自然美所指向的独特体验,真正的艺术是不可能的,黑格尔标榜的艺术美仍来源于艺术家对自然的印象,只不过经由心灵的作用,将这一印象进行二次加工,形成自然界中原本不存在的景象,呈现于艺术表象之中。自然美非常重要,在文化工业的条件下,艺术美容易受资本主义意识形态的影响,遮掩社会的真相,损害人类的发展,“第一自然”的真理形象能帮助我们反思艺术美的意识形态性。

艺术的真理性问题也会与艺术—哲学的关系问题相关。否定艺术的真理性会使人们高扬哲学的重要性而贬低艺术,如果承认艺术的真理性,那必定意味着肯定艺术与哲学具有同样的地位。在阿多诺看来,一方面,真理在艺术作品中以感性的形式出现,相对于推理性知识(包括哲学),艺术在真理的感性呈现中占据了更优先的地位;另一方面,由于艺术感性具有流动性,艺术中的真理容易被遮蔽。真理只在闪现的瞬间向审美体验展示了自身,但它作为某种具体的、在场的真理仍然如“谜”般难以捉摸。为了用概念把握审美体验中稍纵即逝的真理,艺术作品依赖“解释性的理性”,通过哲学的阐释确立艺术作品的“真实内涵”。正因如此,阿多诺美学研究专家马克思·彭基(Max Pensky)认为尽管美学理论中不断地重复各种限定条件,阿多诺对于哲学与艺术在真理性内容中的“汇合”都“是阿多诺黑格尔主义的组成部分,尽管这是一种奇怪的黑格尔主义”[17]。但是,正如自然美不能在艺术作品中被复制,哲学的阐释由于受到表意语言的束缚,它无法一蹴而就地把握真理呈现在感性当中的全部内容,审美哲学的任务是用哲学解释来释放艺术的真实内容,而不是解决构成艺术的张力和矛盾。这一方面将阿多诺与黑格尔的“客观精神”拉开距离,另一方面也证实了阿多诺关于艺术与哲学关系的观点。哲学思想由于无法摆脱概念的空洞性,导致其不能表达感性充实的真理,艺术审美也由于无法摆脱某种感性经验的盲目性而让真理的呈现稍瞬即逝。因此,艺术与哲学之间的“汇合”瞬间所产生的“超越性”,将“七零八落”的东西“非暴力综合”达成的“和解”精神,才是获得真理本身的基础。

阿多诺与黑格尔关于艺术与哲学的关系的分歧也体现在他们对美学的看法上。阿多诺反对黑格尔所谓“艺术科学比艺术本身更优先”的美学观,在他看来美学并非哲学的应用,它本身就是哲学,而黑格尔将哲学、艺术科学凌驾于艺术、美学的基础之上,将后者看作前者的应用,这显然是“在精神各领域的关系上等级制观念的荒谬产物”[7]。黑格尔关于艺术精神是绝对观念在感性阶段的显现的论断,无法解释现实世界中如何存在各式各样的艺术品表象。阿多诺认为审美事物中主观和客观张力结构塑造着单个艺术品的独特性,他在这里发现了具有哲学普遍性的事物特征,正是这个原因,美学理论本身就是哲学的。甚至,由于人的哲学范畴框架总是有限的,在每一次审美过程中,观赏者都能获得超出理性所能解释的审美感受,从这个角度看,艺术高于哲学。正如安德鲁·鲍伊(Andrew Bowie)教授认为:"艺术不是像黑格尔那样仅仅是真理的低级形式。"[18]艺术是被赋予了精神的美,即具体化了的、对理性观念有所改变的模仿方式,它迫使我们对艺术表象进行无限的解释,在这个意义上,它是一种比哲学更充分地理解绝对的方式。黑格尔所谓的绝对理念是统治权力的幌子,通过逻辑推演出来的观念是一种"理想工具",而非现实演绎的真理工具,理性和艺术要实现自我救赎的唯一方式就是不断地进行反思,认识到人的理性所能够把握的东西绝不是绝对真理。艺术品既具有形式的同一性,又具有内容的客观历史性,它虽然具有艺术美的整体表象,但也保留了矛盾和分裂的要素,这给理性反思和历史理解留出了不断演变的可能空间。

阿多诺批判黑格尔绝对同一性的艺术观,认为艺术以有反思能力的主体为前提,它就是相互异质的要素在表象中的和解瞬间,这一批判具有重要意义,得到了后世哲学家们的广泛好评和深入研究,然而,他的批判性观点中仍有一些令人不安的、需要进一步反思的问题。

首先,阿多诺对艺术异质性的过分强调会导致艺术之为艺术的标准丧失。他从20世纪西方艺术的非理性特征出发认为艺术的本质在于相互对立的异质性因素,充分把握到了艺术与现实之间的差异,不致沉浸于乌托邦性质的艺术中,然而艺术作品中异质要素之间始终存在张力,只有瞬间的结合才能实现和解的艺术作品表象,但是正是这种瞬间性导致艺术作品过于流变而无法进行现实评判。

其次,阿多诺过于重视批判性,这导致他对艺术的多样性失去宽容。阿多诺美学通常被解读为现代主义美学概念的典范,在他的否定性美学中,只有技术上最"先进"的艺术才符合他的批判理想,对抗虚幻商品化世界,而对那些"不先进"的艺术,如人们喜欢的柴可夫斯基、埃尔加等人的音乐,阿多诺则大加批判,非常贬低。他过度警惕了"舒适艺术"的虚幻性,沉浸在对理性的任意怀疑中,忽视了在对客观上具有约束力的意义进行否定之时,同时存在感性同化能力,这种能力使主体在审美上将经验上主体和意义相疏离的层面纳入自身之中,因此,阿多诺只是怀疑理性,但是并没有思考怀疑的理由。

最后,阿多诺的批判美学并没有逃脱主体主义美学的范畴,没有看到社会性的群体在对抗资本主义中的意义。阿多诺对艺术作品的分析以一个有反思能力、自我觉醒的单一主体为前提,因而不能突破主体哲学的范式。相对于阿多诺辩证的一维构建，将艺术作品的接受者、交往者以及行动者的主体同时纳入艺术作品的建构之中，能够使艺术作品具有“多维性”效应。实际上，随着民主化进程的发展，大众艺术以及流行艺术相对于“伟大的”艺术作品，更具有革新的潜力。

参考文献

[1] Hegel G W F, Hegel G W F. Aesthetics: Lectures on fine art[M]. Oxford University Press, 1998.

[2] 鲍姆嘉通.诗的哲学默想录[M].王旭晓，译.北京：中国社会科学出版社，2014.

[3] 张雨轩.“美学”还是“艺术哲学”？——关于黑格尔《美学讲演录》名称的几点讨论[J].中国图书评论，2021(10)：83-88.

[4] 黑格尔.美学(第一卷)[M].朱光潜，译.北京：商务印书馆，1996.

[5] 贡布里希，曹意强.“艺术史之父”——读G.W.F.黑格尔(1770—1831)的《美学讲演录》[J].新美术，2002(3)：50-59.

[6] 海德格尔.林中路[M].孙周兴，译.上海：上海译文出版社，2004.

[7] Adorno T W.Aesthetic Theory[M].New York：Continuum，2002.

[8] Horkheimer M, Adorno T W, Noeri G. Dialectic of enlightenment[M]. Stanford University Press, 2002.

[9] Pippin R B.Philosophy by Other Means：The Arts in Philosophy and Philosophy in the Arts. The University of Chicago Press，2021.

[10] Bloch E. The spirit of utopia[M]. Stanford University Press, 2000.

[11] Hulatt O. Texturalism and Performance-Adorno's Theory of Truth[D]. University of York, 2011.

[12] Jarvis S. Adorno: A critical introduction[M]. Psychology Press, 1998.

[13] 朱立元.阐释学视域下黑格尔“艺术终结论”的再审视[J].学术月刊，2022(2)：140-157.

[14] 阿瑟·丹托.艺术的终结[M].欧阳英，译.南京：江苏人民出版社，2001：77.

[15] 阿尔布莱希特·维尔默.论现代和后现代的辩证法——遵循阿多诺的理性批判[M].钦文，译.北京：商务印书馆，2013.

[16] 沃林著.文化批判的观念[M].张国清，译.北京：商务印书馆，2000.

[17] Pensky M. Natural History and Aesthetic Truth in Aesthetic Theory[J]. New German Critique, 2021, 48(2): 23-41.

[18] Andrew Bowie.Revealing the Truth of Art[J].Radical Philosophy，1991，58：20-24.

【科技哲学与逻辑学】

论“葛梯尔问题”的根源及对“知识”概念阐释的一条新路径

朱颖楠*

一、葛梯尔反例分析

1963年葛梯尔在他著名的论文《获得辩护的真信念是知识吗?》中,用两个例子表明即使是获得辩护的真信念也未必就是知识。

反例一:史密斯和约翰两个人同时申请一份工作,史密斯有各种证据让他自己相信下面这个命题(p):约翰将得到这个工作并且约翰的口袋里有十个硬币。史密斯相信这个命题的证据如下:这个公司的经理使得史密斯确信约翰最终将会得到这份工作,并且史密斯在十分钟之前刚刚数了约翰口袋里的硬币,他确信约翰口袋里有十枚硬币。根据命题(p),可推出命题(e):口袋里有十个硬币的人将会得到工作。史密斯相信(e)命题是真的,并且由于(e)命题是从(p)命题推演出来的,因此史密斯相信(e)命题也是获得辩护的。但是史密斯不知道的是,获得工作的人是他自己而不是约翰,并且他自己的口袋中同样有十枚硬币。因此,史密斯获得辩护地相信真命题(e)。但是,在这种情况下,史密斯并不真的知道命题(e)。

反例二:史密斯有强烈的证据表明(f):约翰有一辆福特牌汽车。史密斯的证据如下:在史密斯的记忆中,约翰在过去总是开着一辆福特汽车并且总是用他的福特汽车搭载史密斯。现在假设,史密斯有一个朋友布朗,但是史密斯对这个朋友的行踪毫不知晓,于是史密斯随机选择了三个地名组成了以下三个命题:

(a)要么约翰有一辆福特汽车,要么布朗在波士顿。

(b)要么约翰有一辆福特汽车,要么布朗在巴塞罗那。

---

*作者简介:朱颖楠(1999—),女,湖南常德人,湘潭大学哲学与历史文化学院(碧泉书院)硕士生,研究方向为逻辑哲学。

(c)要么约翰有一辆福特汽车,要么布朗在布雷斯特。

假设(f)是错的,约翰自己没有汽车,他的汽车是租来的,而由于一种极端的巧合,史密斯的朋友布朗现在就在巴塞罗那,因此(b)是正确的,史密斯获得辩护地相信真命题(b)。但是,在这种情况下,我们仍然不认为史密斯知道(b)。[1]

在这两个反例中,史密斯有获得辩护的真信念,但显然史密斯不真的拥有"知识"。在第一个反例中,史密斯相信(e)命题的理由是他在十分钟之前检查了约翰的口袋,里面恰好有十枚硬币,因此他对(e)命题的信念是获得辩护的,而(e)命题确实是真的,因为口袋里有十枚硬币的人确实将获得工作,史密斯不清楚的是这份工作的获得者是他自己并且他自己也有十枚硬币。史密斯在那个情境中因为各种原因恰好持有一个真信念,但是由于他并不知道这个信念为真的理由,因此他作出的"正确判断"只是出于一种好运。第二个例子同样如此,史密斯在那种情境中恰好持有一个正确的信念,并不表明他此时拥有知识。

从上面的分析中可以看到,传统的知识三元定义遭到了葛梯尔反例的驳斥,在葛梯尔提出的这两个例子中,认知主体所持有的信念已经满足构成"知识"的另外两个要素,但他并不"知道"。在葛梯尔反例中,认知主体貌似获得了"知识",实际只是凭借一种运气恰好作出了正确判断,在这个意义上,葛梯尔反例实际上描述的就是认知运气在传统知识定义下会产生并破坏传统知识定义的过程。①传统知识定义无法避免认知运气的产生,因而无法保证认知主体在满足这些条件的情况下总是获得知识。为何认知运气在传统路径下能够参与进去导致认知主体在获得知识中失败?导致认知运气产生的根源是什么?这将使我们重新审视知识的传统三元定义方式。

二、葛梯尔反例产生的根本原因

上面的分析表明:找到葛梯尔反例的根本原因就应当能够回答认知运气为何能够产生。因此重新审视知识传统三元定义路径,寻找葛梯尔问题产生的根源,如果最终得出的结论也能够回答认知运气为何会产生,那表明这个结论在某种程度上是具有说服力的。对这个问题的讨论将从葛梯尔反例本身出发,指出扎格泽博斯基和弗洛里迪论证的缺陷,并在此基础上得出最终结论:葛梯尔反例出现的根本

① 有学者已经论证过葛梯尔问题与认知运气之间的关系,例如文学平《可错论的合理证明与碰巧为真的运气——葛梯尔问题的实质及相关错误理解》,浙江大学学报(人文社会科学版),2015,45(2);李锋锋《被忽略的认知运气——论葛梯尔问题的实质与德性知识论》,北京社会科学,2015(8)。

原因是传统知识定义采取分析路径导致知识定义中的各要素之间相互分离。而弥合这种分裂极其困难,也正是因为存在着这种分裂才导致认知运气能够参与进来,从根本上陷入葛梯尔疑难。

(一)扎格泽博斯基与弗洛里迪:信念辩护和信念的真之间的分离

在葛梯尔第一反例中,史密斯并不真的知道(e)。因为使得(e)为真的理由与史密斯相信(e)为真的理由不同。这表明,在信念的辩护和信念成真之间存在分离,二者相互独立。这两者的独立使得史密斯可以给(e)提供与(e)实际为真的理由完全不同的辩护理由,正是这两者的不一致导致史密斯并不真的知道(e),他“知道”(e)完全是出于一种纯粹的好运。在第二个反例中,史密斯相信约翰有一辆福特汽车,史密斯的这个信念是获得辩护的,因而他也能合理地相信那三个析取命题。但实际上,约翰的福特车是借的,而布朗恰好在巴塞罗那,因此(b)是正确的。但是史密斯不知道(b),因为使得史密斯相信(b)为真的理由是他有强烈的证据表明(f)是真的,而(b)为真的实际理由却是史密斯的朋友布朗恰好在巴塞罗那。这表明,史密斯出于一种极端好运恰好认为(b)是正确的,但是他并不真正知道(b),史密斯的理由仅仅只能为他相信(b)提供辩护,却无法跨越信念到知识的鸿沟,他并没有给出(b)为真的理由。

以上分析表明,辩护元素和信念为真是彼此独立的两个元素。某人可以给他的信念提供看起来很强的辩护,使得他持有此信念是合理的,但这个信念是否为真并不取决于此人对他信念的辩护,当这个人完全不能为他的信念提供辩护时,他的信念也可以为真。因此,知识要求信念为真,并要求拥有知识的主体能够给出持有此信念的恰当理由,这并不能保证信念辩护和信念为真之间的分裂就能弥补,正是这种分裂使得他知道(b)只是出于一种好运,这种运气导致认知主体给出辩护的理由恰好让他持有正确的信念,但这与信念成真的理由并不相同,认知运气在此时就对认知主体产生了影响。正如扎格泽博斯基在《葛梯尔问题的不可回避性》一文中指出的那样,辩护和真是两个独立的元素,而“只要在辩护和真之间有一个很小程度的独立,那么我们就能够遵循以下方式构造葛梯尔反例:使得对于知识来说,辩护足够强,而这个信念却是错的”[2]。扎格泽博斯基认为,只要辩护和真之间存在独立,那么葛梯尔反例就能够被制造出来。

弗洛里迪进一步发展了扎格泽博斯基的观点,指出了葛梯尔问题的不可解性。他认为葛梯尔问题不可解的根本原因在于信念成真项与信念辩护之间需要一种成功的协作,但是由于这种协作不能总是成功,因此葛梯尔问题在原则上无法避免。他用一个牙医的例子说明这点:假设史密斯得了一种牙科疾病,他的右边下颌骨的臼齿附近有龋齿。他的牙科医生特雷西通过临床观察相信P:史密斯得了龋齿。但是她不能确保史密斯得了这种牙病,因为特雷西知道仅仅通过视觉上的探查很难诊断这种病,因此特雷西让史密斯去找放射科的医生简,通过一种仪器检测来确定是否得了龋齿。简于是给史密斯做了检查,但是简并没有特雷西的专业知识,简不知道史密斯得了哪种类型的牙病。[3]

在这个例子中,真与信念是相互分离独立的元素,而产生知识需要二者之间的成功协作,但这种协作意味着二者之间需要一种信息传递,这种传递意味着二者可能在同一时间得不到相同的信息。“弗洛里迪将T和J之间的交流系统塑造成一个‘分布式异时性信息传递系统’”[4],并认为不存在一个时间t,“在这个时间t中,n个主体(n≥2)关于P能够实现成功的协作”[3]。因为在T和J之间的协作需要一种经验上的信息交流,而我们无法确保这样的过程总是可靠的,二者之间总是可以形成一种成功协作。因此,弗洛里迪认为葛梯尔反例原则上不可避免。

以上分析表明,葛梯尔问题产生的根本原因是辩护和真之间存在一种分离。弗洛里迪认为葛梯尔问题不可避免是因为辩护和真这二者之间缺少一种成功的协作,这导致了葛梯尔问题的不可回避性。但是二者之间之所以需要一种协作,根本原因依然在于辩护和真是两个相互分离且独立的元素。那么,是否只要能够避免二者之间的这种分离和独立,就能够解决葛梯尔问题?实际上,即使弥补了二者之间的分离,仍然无法避免葛梯尔式疑难。这一点在接下来对戈德曼的知识理论的分析中可以看出,而这也表明扎格泽博斯基和弗洛里迪对葛梯尔问题产生的根本原因的分析不够完整。

(二)“辩护”元素的消解与知识三元要素的分离

戈德曼的知识理论不再讨论信念辩护和信念成真项之间的关系,因为在他的知识理论中,信念辩护是信念成真的理由提供的,因此二者并不完全独立且割裂,此时只要一个信念是真的,这个信念就获得了辩护,因此无需单独讨论辩护元素,而只需关注信念与真之间的关系。戈德曼提出了一种简单直接的关于知识的因果理论,即S知道P当且仅当P为真的事实与S相信P的信念之间存在因果上的联系。但是这种简单直接的观点很容易被反驳,考虑下面这两个例子:

第一个例子,假设史密斯的大脑中长了一个肿瘤,这个肿瘤使得他相信各种各样奇怪的事情。例如,他相信在他的地下室中住着外星人,他家的狗和猫正在一起计划着谋害他,并且他大脑中的肿瘤还使他形成了这样一个信念:他的脑子里有一个肿瘤。第二个例子,假设约翰不知道在他的咖啡中放了一种毒药,这种毒药会让人产生一些疯狂的信念。例如,约翰开始相信有人在监视他并且试图读取他的思想,约翰还形成了这样一种信念:他相信某个人在他的咖啡里放了毒药。[5]

从这两个例子中,我们可以看到史密斯和约翰产生的信念与事实之间存在一种因果联系,史密斯的脑子里长了一个肿瘤使得他相信他的脑子里长了一个肿瘤,他的信念与事实之间存在因果联系,但是我们不认为他真的知道他的脑子里长了一个肿瘤;约翰的咖啡里被放了毒药导致他相信他的咖啡里被人放了毒药,他的信念与事实之间也存在因果联系,我们依然不认为约翰真的知道他的咖啡里被人放了毒药。戈德曼认为出现这种问题的原因在于这种简单直接的因果关系理论没有说清楚信念和真之间的因果联系方式,戈德曼认为在信念和真之间不仅仅存在因果上的联系,而且二者之间的因果联系是以一种"合适的"的方式产生的:

"S知道P当且仅当事实P与S关于P的信念之间以一种合适的方式因果地联系在一起。合适的知识产生的因果进程包括:1.知觉;2.记忆;3.一个因果链条可以通过推理将信念和事实之间的因果联系正确地重建起来。"[6]上面的两个例子之所以不是知识的实例,就是因为在信念和真之间没有一种以合适的方式产生的因果联系,无论是史密斯还是约翰,他们都不能通过推理在他们的信念和事实之间重建一种因果联系。

根据戈德曼的因果关系理论,葛梯尔原始反例能够被很好地解答,但是戈德曼的理论仍然不能给知识提供一个令人满意的定义。只需要稍微改动一下葛梯尔初始反例的版本,就能形成新的葛梯尔式反例驳斥这一定义。著名的反例就是戈德曼本人提出的假谷仓案例:假设海瑞驾车经过一个村庄并且看到了很多谷仓,但是这个村庄仿制了很多假谷仓,这些假谷仓只有真谷仓的一个侧面,而没有里面和后面,但是由于这些假谷仓建造得太逼真了,以至于经过那个村子的人几乎都会错误地认为这些谷仓是真的。海瑞驾车经过这个地区时,她形成了这个信念:在这里有一个真谷仓。而由于极端的巧合,海瑞看到的就是一个真谷仓。[7]在这种情况下,海瑞形成这个信念似乎只是一种运气,但是根据戈德曼对知识的定义,海瑞此时形成的信念是一种知识。因为海瑞的信念是以一种合适的方式产生的:通过知觉,与这里有一个真谷仓这个事实产生了一种因果联系。因此,按照戈德曼的理论,海瑞知道这里有个真谷仓,但实际上这只是一种好运。因此,戈德曼的理论仍然不能给知识提供一个令人满意的定义。

实际上,戈德曼的理论本质上处理的是信念与真之间的关系,因此他要解决的是信念与真之间是何种关系,这种关系如何产生才能确保产生知识的问题。这与之前处理辩护与真之间的关系没有根本区别。因此,在信念和真这两种独立要素之间寻找合适关系以及考虑这种关系以何种恰当方式产生,同样会面临相同的运气问题,只是这种运气已经从辩护与真之间的巧合转变成了信念与真之间关系以何种方式产生的巧合。因此解决知识定义问题总是与应对认知运气联系在一起。而正是由于各要素之间的分离导致认知运气可以侵入,因此克服认知运气的有效办法则是取消知识各要素之间的相互独立与分离,这意味着我们需要放弃知识分析的路径。

总结而言,传统知识论对知识的分析之所以面临如此多困境,一个根本的原因是,我们认为知识是一个可以通过分析去定义的概念,因而为了给出知识的定义,我们不得不考虑各种独立要素之间的关系。但是这种方法并不成功,为了寻找各种独立要素之间的正确关联以确保产生知识,我们还要能分辨各种仅凭好运就产生的正确信念。显然,传统知识定义似乎已经把我们带入了这种境地:如果我们以这种方式考虑知识概念,那么知识定义问题与认知运气将总是紧密相连。除非我们的大脑拥有一套非常完满的认知系统/机制,即在任何情况下,我们的认识总是可以分辨出知识与仅为正确信念但不是知识的东西。如果我们无法拥有这种能力,那么换一种考虑知识定义的方式是更加明智的(如果那种方式又能避免葛梯尔问题)。让我们重新考虑一种阐释“知识”概念的新路径,即威廉姆森的反分析路径。

三、威廉姆森的知识理论

威廉姆森的知识论证主要完成两个任务:首先表明传统知识分析的路径不合理。为此他提出了“首要性”证明,表明知识概念是首要的而不是合成的,因此知识概念不能被分析成不同要素的合取,所以传统知识分析路径不合理。其次,他给出了新的“知识”阐释:知识是一种事实性的心理状态。对这个观点的说明涉及威廉姆森给出的两个新论证:反透明性论证与反KK论证。在这一系列论证中,“知识”本身的性质得到了揭示,因而即使放弃对“知识”概念的分析,“知识”本身的面貌依然可以呈现出来。

(一)知识的“首要性”证明

知识首要性证明,就是证明“S知道P”的条件是首要的而不是合成的。一个条件是合成的,意味着这个条件是由内部条件与外部物理条件合取而成的。例如“张三真信天在下雨”就是由内部条件“相信天在下雨”和外部环境条件“天在下雨”合取而成。而一个条件是首要的就是说这个条件不是合成的。因此,威廉姆森的大致论证思路如下:

(1)一个条件C是首要的,当且仅当它不是合成的;

(2)如果C是合成的,那么C是虚拟C与外在C的合取;

(3)C不是虚拟C与外在C的合取;

(4)因此C不是合成的;

(5)因此C是首要的。

一个条件C是合成的,当且仅当这个条件是窄条件D与环境条件E的合取;因此需要证明虚拟C是窄的,外在C是环境条件。

(定义-窄条件):一个条件C是窄的,当且仅当就所有情形a和b来说,如果a内在地类似[①]于b,那么C在a中得到,当且仅当C在b中得到。

(定义-条件是环境的):条件C是环境的,当且仅当就所有情形a和b来说,如果a外在地类似于b,那么C在a中得到,当且仅当C在b中得到。

(定义-虚拟C/外在C):虚拟C是这样的条件,它在情形a中得到,当且仅当C在某个内在地类似于a的情形中得到;外在C在情形a中得到,当且仅当C在某个外在地类似于a的情形中得到。

证明:虚拟C是窄条件。假设虚拟C在a中得到,那么存在一个内在地类似于a的情形b,C在b中得到,再取任一与a内在类似的情形¡,因为内在类似性是传递的和对称的,因此b内在地类似于¡。因此虚拟C在¡中得到了(根据虚拟C定义),因此虚拟C是窄的(根据窄条件定义)。同理可证外在C是环境的。

其次证明虚拟C是C所衍推的最强窄条件,外在C是C衍推的最强环境条件。最强窄条件:条件C衍推了各种窄条件,其中有一个是C衍推的最强的窄条件,并且它也衍推所有的窄条件。也就是说,如果虚拟C是由条件C衍推的,并且对于任一窄条件D,如果条件C衍推D,那么虚拟C也衍推D。最强环境条件:条件C衍推各种环境条件,其中有一个是C衍推的最强环境条件(外在C),并且它衍推所有环境条件,任取环境条件E,如果C衍推E,那么外在C也衍推E。

要证明虚拟C是C所衍推的最强窄条件,即证明对任意窄条件D,如果C衍推D,那么虚拟C衍推D。假设C衍推任一窄条件D,并且虚拟C在情形a中得到,那么存在与a内在类似的情形b,C在b中得到了,又因为C衍推D,因此D在b中得到,又因为D是窄的,因此D在a中得到(根据窄的定义)。因此虚拟C衍推D,因此虚拟C是C所衍推的最强窄条件。同理可证外在C是C所衍推的最强环境条件。

再证:如果条件C是合成的,那么条件C是虚拟C与外在C的合取。

证明:如果条件C是任一的窄条件D和环境条件E的合取,那么C=DÙE。因为

① “内在地类似”可以理解为主体在情形a与情形b中有完全相同的内部物理状态;而“外在地类似”可以理解为主体在情形a与情形b中有完全相同的外部环境的总体物理状态。

C衍推D,所以虚拟C衍推D,又因为C衍推E,所以外在C衍推E。因此,虚拟CÙ外在C衍推DÙE,即虚拟CÙ外在C衍推C。

相反,不管C是不是合成的,C都衍推虚拟C与外部C的合取,因此,如果C是合成的,它就是虚拟C与外部C的合取。因此,要证明C是首要的,就是要证明在某个情形中,虚拟C与外部C都得到了,但C无法得到。

考虑三种不同的情形a、b与¡,假设C在a与b中得到了,但是在¡——¡内在地类似于a,外在地类似于b——中没有得到。

假定a情形:一个人根据证言知道选举被非法操纵了,史密斯告诉他选举被非法操纵了,而史密斯是可信的,而且这个人相信他;布朗也告诉他选举被非法操纵了,但布朗不可信,而且这个人不相信布朗。

假定b情形:它和a不同在于颠倒了史密斯与布朗的角色。在b中,一个人根据证言知道选举被非法操纵了,布朗告诉他选举被非法操纵了,而布朗是可信的,并且这个人相信布朗,史密斯也告诉他选举被非法操纵了,但史密斯不可信,而且这个人不信任史密斯。

现在考虑情形¡:它内在地类似于a且外在地类似于b。因此,在¡中这个人不相信布朗,因为他在a中不信任布朗,而在¡中史密斯是不可信的,因为史密斯在b中不可信。而我们可以合理假设这个人在这三种情形中没有任何别的办法知道选举被非法操纵了。因此,在¡中这个人不知道选举被非法操纵了,但是在a和b中,这个人知道选举被非法操纵了。因此,"S知道P"的条件是首要的而不是合成的。[8][9]这也表明传统知识分析定义的方法是不合理的。

(二)知识是一种事实性心理状态

既然知识本身是首要性的,它无法通过分析成别的更初始的元素去定义,那么如何阐释"知识"概念本身?一个主体获得"知识"意味着什么?威廉姆森认为知识是一种事实性心理状态,当一个人处在这个状态之中的时候,他就"知道",并因此拥有知识。考虑一般的心理状态,一个人什么时候拥有信念?当他处在相信的状态中的时候,他就拥有信念。威廉姆森认为知道的心理状态与一般心理状态唯一的不同之处在于知道是一种事实性心理状态,事实性意味着如果一个人能够知道P,那么P是真的,而一个人的信念等一般心理状态没有这个要求。除此之外不再有什么本质区别,但这一点并不容易被接受,因为自笛卡尔以来的许多哲学家认为典型心理状态例如相信、希望、欲求等具有认知上的透明性,如果一个人处在这种心理状态中,那么他就知道他处在这种状态中,因而这种心理状态对于他本人而言是透明的,但知道不具有这种特点。对此,威廉姆森为了捍卫他的观点给出了两个论证:反透明性论证与反KK论证。反透明性论证表明典型的心理状态也不总是具有透明性,透明性是一种神话;反KK论证表明我们不总是知道自己知道。这两个论证表明典型心理状态与“知道”之间的本质区别并没有我们认为的那么大,除了威廉姆森自己提出来的那一点。如果典型心理状态也不具有透明性,那么威廉姆森的主张就没有被驳倒。

反透明性论证:考虑一个人感觉冷。一个人在拂晓时候感觉冷,在中午时候感觉热。假设从早上到中午的一系列时刻:$t_0,t_1,t_2,\cdots\cdots,t_n$(假定每时刻之间时间差很小,仅为一毫秒)。现在假定一个人在t_i时刻知道他感觉冷($0\leqslant i\leqslant n$),用a_i表示t_i时刻的情形,那么有:

(1_i)如果一个人在a_i中知道自己感觉冷,那么他在a_{i+1}中就感觉冷。

(1_i)是知识的可靠性原则,如果一个人在a_i中知道他感觉冷,那么他在a_i中至少可以合理确信他感觉冷,除此之外,他的合理确信需要有可靠的基础,否则他就不能知道他感觉冷。威廉姆森认为这种可靠的基础使得这个人在t_{i+1}时刻也会感觉冷,因为二者之间只隔了一毫秒,在如此短的时间里面他的感觉不会有太大变化,如果他在t_{i+1}中不感觉冷,那么他在t_i时刻关于感觉冷的信念是不可靠的,他在t_i时刻并没有获得知识。

先假设接受透明性原则(L),威廉姆森在这里使用了归谬法。

(L)一个条件C被定义为透明的,当且仅当,对任意一个情景,如果C在其中得到,那么一个人在这个情景中就能够知道C得到了。

因此,(2_i)如果一个人在a_i中感觉冷,那么他在a_i中就知道他感觉冷。

假设(3_i)一个人在a_i中感觉冷。

根据(2_i)和(3_i)得出(4_i)一个人在a_i中知道他感觉冷。

根据(4_i)和(1_i)得(3_{i+1})一个人在a_{i+1}中感觉冷。

当i=0时,一个人在a_0中感觉冷,

当$i=n-1$时,一个人在a_n中感觉冷。这个结论明显是错的,而威廉姆森已经给出了接受(1_i)的理由①,因此(L)是错的。[8][11][12]

反KK论证:假设马古先生能看到他窗外的一棵树,他通过视力和判断力知道这棵树不是60英寸②也不是6000英寸,但他不能精确知道这棵树的实际高度是666英寸。也就是说,对于任何自然数i,如果这棵树是i英寸高,那么马古先生不知

① 对于前提(1_i)的接受与否也引起了很大争论,但这不是本篇文章的重点,仅根据威廉姆森的例子而言,笔者认为接受(1_i)是合理的。

② 此处长度单位依照英文原文以及中文原版翻译采用英寸,换算成米制为1英寸≈0.0254米。

道这棵树是i英寸高，据他所知，这棵树是i+1或者i–1英寸高，因为马古先生的视力和高度判断力有限度，因此他不能精确知道这棵树就是i英寸高，并且马古先生通过反思知道这一点，因此：

(1_i)马古先生知道，如果这棵树是i+1英寸高，那么他就不知道这棵树不是i英寸高。

(KK原则)就任何相关的命题p来说，如果马古先生知道p，那么他就知道他知道p。

(C)如果p和集合X的所有元素都是相关的命题，p是X的一个逻辑结果，并且马古先生知道X的每个元素，那么他就知道p。①

(2_i)马古先生知道这棵树不是i英寸。

(3_i)马古先生知道他知道这棵树不是i英寸(2_i和KK)

(2_{i+1})马古先生知道这棵树不是i+1英寸高(1_i和3_i)

当i=0时，马古先生知道这棵树不是0英寸。

当i=665时，马古先生知道这棵树不是666英寸，[8][10]与事实相悖，而威廉姆森认为前提(1_i)(C)都应当被接受，因此(KK)原则不可接受。前提(1_i)刻画的是一个人的认知限度，一个人的视觉、高度判断力是有限度的，我们无法仅仅通过视觉就获得相当精确的知识，因此前提(1_i)刻画的人类认知限度原则是合理的。[13]这并不是说我们通过别的途径不能获得精确知识，例如推理，这只是表明我们拥有这种认知能力，并且在通过这种方式认知的情况下，确实会存在认知边界。因此在这个例子中承认(1_i)而拒斥(KK)是合理的。

威廉姆森的知识理论主要通过知识的首要性证明表明传统知识分析路径不合理，知识概念不可通过分析去定义，然后提出自己对知识概念的全新阐释：知识是一种事实性心理状态。这意味着当我们处在“知道”状态中的时候，我们就知道了，我们就获得了知识。威廉姆森对知识概念的阐释不是分析性的，他并不是指出知识是由哪些概念加在一起合成的，而是指出知识概念本身是一个初始概念，初始概念本身没有办法也并不需要再次去分析它的另外成分，因此威廉姆森回答的是“我们在什么时候就拥有知识”，就“知道”。当我们处在知道的状态中的时候，我们说知道。正如“S相信p”时，主体S就是处在相信p的状态中的，那么“S知道p”，意味着主体S处在知道p的状态中，主体S此时对p命题持有知道的心理状态。在这里不涉及“知识”本身的定义问题，而仅仅给出了一些关于“知识”本身的说明。在这种说明下，知识是作为一种事实性心理状态被理解的，这种说明的合理性在于它揭

① 此原则可能引起很多争议，但根据威廉姆森的观点，至少在马古先生的例子中适用。

示了知识本身的一些性质,使得知识本身的面貌以另一种方式呈现出来。因而,威廉姆森的知识理论直接避免了葛梯尔问题,因为他的理论转换了原来的问题域,并且放弃了知识分析路径。

四、结语

综上所述,通过分析知识概念去定义知识的方法无法成功,因为这种分析的方法使得葛梯尔式反例总是能被构造出来,一种极端好运的掺杂可能会使得知识各要素之间的相互关系即使无法被正确认识,认知主体也能持有一种正确的信念。由于这种极端好运总是无法避免地出现在各种分裂而独立的知识要素的关联之间,因此避免这一问题的根本方法是放弃知识概念的分析方式。

威廉姆森的知识理论恰好驳斥了传统知识概念的分析路径,并且对知识概念-提出了独特阐释,进一步论证了知识本身的一些新性质,避开了传统知识论无法解决的葛梯尔问题。由此可见威廉姆森的知识理论意义重大,沿着这条路径或许可以进一步探寻知识本身更多的特征,当知识本身的许多新性质被揭示出来时,知识本身是什么就会愈加清楚。因而威廉姆森的知识理论是一条迂回的揭示知识本身是什么的路径,他让我们看到即使不去分析知识概念本身,我们也能够使得知识本身愈加清楚地呈现在我们眼前,只要我们去揭示知识本身的更多性质,我们便会以另一种方式获得对知识本身的理解。

参考文献

[1] Gettier E L. Is justified true belief knowledge?[J]. Analysis, 1963, 23(6): 121-123.

[2] Zagzebski L. The inescapability of Gettier problems[J]. The Philosophical Quarterly (1950—), 1994, 44(174): 65-73.

[3] Floridi L. On the logical unsolvability of the Gettier problem[J]. Synthese, 2004, 142: 61-79.

[4] 魏燕侠,郑伟平.知识是一种信念吗?——基于葛梯尔问题不可解性的分析[J].科学技术哲学研究,2021(1):9-14.

[5] Lemos N. An introduction to the theory of knowledge[M]. Cambridge University Press, 2020.

[6] Goldman A. A causal theory of knowing[J]. Journal of Philosophy,

1967, 64(12): 357-372.

[7] Goldman A I. Discrimination and perceptual knowledge[J]. Journal of Philosophy, 1976, 73(20):771-791.

[8] 威廉姆森.知识及其限度[M].刘占锋,陈丽,译.北京:人民出版社,2013.

[9] 徐召清.如何理解知识的基始性?[J].自然辩证法研究,2022,38(9):3-11.

[10] 胡兰双.对威廉姆森反透明性系列论证的质疑[J].自然辩证法研究,2018,34(5):23-29.

[11] Brueckner A. Williamson's anti-luminosity argument[J]. Philosophical Studies: An International Journal for Philosophy in the Analytic Tradition, 2002, 110(3): 285-293.

[12] Wong W. What Williamson's anti-luminosity argument really is[J]. Pacific Philosophical Quarterly, 2008, 89(4): 536-543.

[13] Sharon A, Spectre L. Mr. Magoo's mistake[J]. Philosophical Studies, 2008, 139: 289-306.

论AIC准则对过简单担忧的回应

赵雨欣*

一、过简单的争议

简单性是衡量一个理论价值的标准之一,自古以来人们在哲学、科学等领域就充分地展现了对简单性的偏好。这一偏好在诸多思想家和学者的论述中得到了体现,其中最具有标志性的观点就是"奥卡姆剃刀"原则。该原则由英国的经院哲学家威廉·奥卡姆提出,其核心思想是"如无必要勿增实体",即追求在形而上学意义上的本体论简单原则。随着时代的演进,简单性原则在现代科学中得到了更为广泛的应用。在这一过程中简单性的偏好逐渐从本体论的精简数量转向了对相互竞争的理论的选择,它更多地被用于制定现代科学的理论评估框架。

由于对简单性的考虑处于科学研究的中心地位,并且它与许多其他重要的哲学问题之间都具有较强联系,证明对简单理论的偏好的合理性的问题被认为是当代科学哲学中的一个主要问题,同时也是一个十分棘手的问题。尽管当今科学界和哲学界普遍承认简单性的效用,但仍有学者质疑其合理性。在理论层面上,以库恩为代表的部分学者倾向于把简单性作为一种审美层面上对"和谐"的美感追求。

而在实践的后果领域,关于简单性原则的质疑并非完全否定简单性原则在理论选择中的效用,而是围绕着对简单性的追求所产生的过简单(Oversimplification)问题。理论物理学家Marco Masi认为简单性仅是基于溯因推理的推理充分性而形成一种启发性策略,过分采信于这一策略反而会阻碍科学的发展。[1]而Nicholas Rescher则认为过度简化的发生会将我们从真理引向谬误,产生破坏性的影响。[2]

本文将深入探讨在追求简单性的过程中所产生的实践问题,明确当存在过简单的危险时我们实质上究竟面临着什么问题,并分析解决该问题的有效路径。通

---

*作者简介:赵雨欣(2004—),女,安徽宿州人,湘潭大学哲学与历史文化学院(碧泉书院)哲学系本科生。

过解决这一问题,我们可以更好地理解简单性原则的适用范围和局限性,为科学研究提供更加全面和深入的指导。

二、过简单实质上意味着什么?

关于过简单问题究竟意味着什么可以从边界不对称说的初始概率模型所存在的问题中窥见,因为这引起了一个疑问——是否一个理论越简单就越有可能取得成功。边界不对称说是当前证明简单性作为理论选择标准具有合理性的一个较为成功的学说。边界不对称说指的是理论的复杂程度在单方向上是无界限的,一个科学理论只有最下限的边界,但没有最上限的边界。[3]也就是说针对某一现象的相关科学理论只存在最简单的理论,而不存在最复杂的理论——无论一个理论多么复杂,总有可能设计出一个更复杂的理论。并且根据数学统计的分析,当理论的复杂程度趋近于无穷大时,该理论成功的概率也将无限趋近于0。

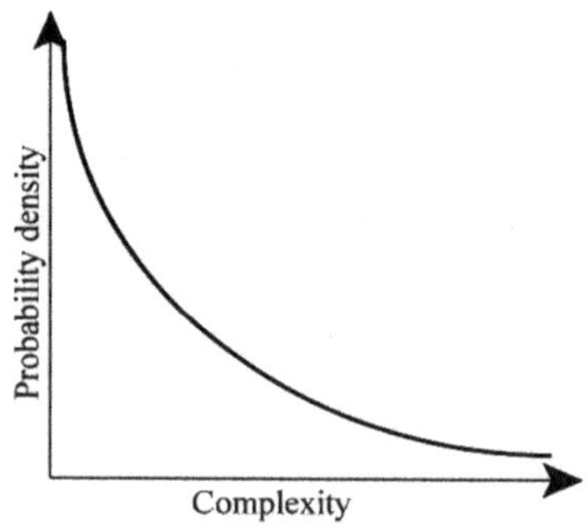

图1 理论复杂度与初始概率的关系

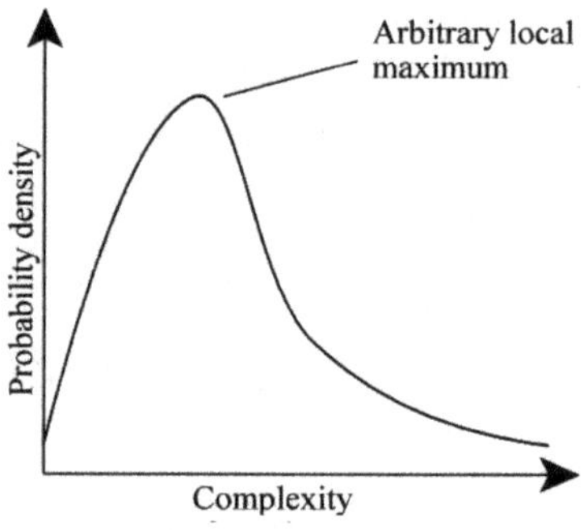

图2 实际情况下理论复杂度与成功概率的关系

(图1、图2引自:Michael Huemer.When is Parsimony a virtue[J]. The philosophical Quarterly,Figure1)

边界不对称说背后的理论依据源于Harold Jeffreys所提出的"简单性假设":随着复杂度的增加,理论的初始概率递减。[4]倘若我们仅考虑理论的初始概率,那么如图1所示,表现理论成功概率的函数曲线随着复杂性的增加而呈单调递减趋势。但Michael Huemer承认,在实际情况下我们所期望的仅是维持复杂程度趋于无穷时理论的成功概率趋于0,而并不想要保持一个简单的理论总是比一个竞争的、更复杂的理论具有更大的可能概率。那么任何连贯的概率分布都足够了,无需维持一个递减的概率分布。[3]

这提醒我们在实际的理论评估案例中,复杂程度最低的理论并不总是具有最高的成功概率。在某些情况下，较为复杂的理论可能在某些方面更具优越性，使得其在关于某科学现象的所有竞争理论中概率最高。如图2所示，所有竞争理论可能概率的函数曲线图呈现为山峰状，峰值左侧，概率随复杂性的增加而增加，峰值右侧，概率随复杂性的增加而减少。

较为复杂的理论究竟是在什么方面更具有优越性呢？以曲线拟合为例，设有函数y，图表上的n个点是经过经验测量得出的关于y的数据点，此时对简单性的衡量则转化为可调参数的个数。而有h_1、h_2、h_3三种曲线代表着三种相互竞争的模型，我们将评估哪条曲线最符合函数y的实际表达。

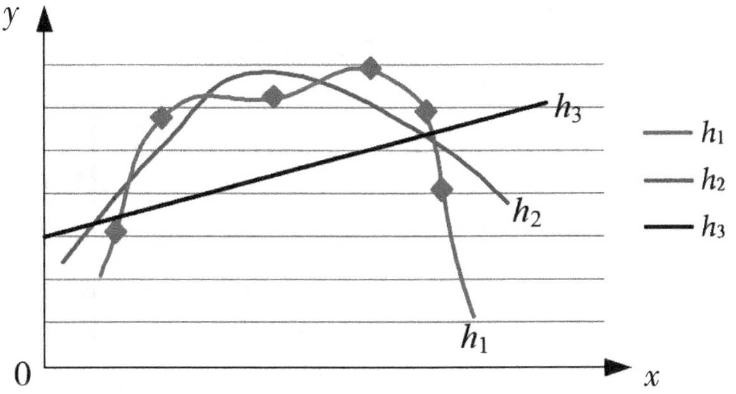

图3 曲线拟合中模型选择案例

让我们首先评估h_2与h_3之间的竞争关系，在这之前让我们来明确两者所表达的数学模型。h_2代表二次函数$y=ax^2+bx+c$，h_3则代表一次函数$y=kx+b$。根据这一设定我们可以观察到h_3的一次函数形式具有较少的可调参数，相较之下h_2的二次函数形式则拥有更多的可调参数。若按照边界不对称说的初始概率模型：越简单的理论越有可能成功，最简单的理论的成功概率最高。那么我们可能会初步认为h_3函数在简单性上优于h_2，从而推断h_3更可能是真实的模型。

但这样一种判断是反常识的，同时也忽略了众多经验证据和实际观察。事实上曲线h_2更有可能是真实的理论。根据图3所示，尽管曲线h_2无法完全贯穿所有观测得出的数据点，其能更好地符合测量数据所展现出的一种基本走势。这表明h_2在保持一定简单性的同时，也具有较高的曲线拟合度，从而使其在实际应用中更具优势。

同时我们必须认识到，过复杂的模型如h_1的可能概率是最低的，这是无可争议的。尽管h_1将所有的数据点都完全覆盖，但不应该忽略这样一个实践上的经验事实：在测量的过程中我们往往很难避免数据测量误差或结果受到其他不可控因素的干扰。更复杂的模型通常具有更多的可调参数,在拟合当前数据的能力上更加灵活优越,但是它们也更容易被测量中的不良因素干扰或误导。这种干扰可能导致模型对实际现象的预测偏差增大,从而降低预测的准确率。所以我们通常认为曲线h_1有“过度拟合”的危险。

对比之下,h_2和h_3虽然无法完全覆盖所有的数据点,但它们能在保持一定简单性的同时维持较高的拟合度。对h_1的怀疑表达的是对简单性的支持,但也同样体现了模型选择需要进行简单性和拟合度的权衡。过度追求简单性而忽视拟合度,可能导致我们选择的理论偏离实际现象;而过度追求拟合度而忽视简单性,则可能使模型变得过于复杂,容易受到干扰因素的影响。

根据以上证明我们可以得知,受制于实际测验结果与潜在真实结果之间的误差,理论选择的成功需要理论的简单程度和理论对样本数据的解释力的共同作用。而过简单问题则是由于无法对测量误差进行较为准确的计算,从而对其产生过大的估计差值所产生的。此外需要澄清的是,本文对于简单性偏好的讨论仅限于实践经验范畴,并不涉及形而上学意义上的简单性原则。故对简单性并不是理论选择的唯一标准的肯定并不意味着等于对诸如在形而上学意义上世界实际上是简单的、简单性应作为基本的先验原则等此类观点的否定。

关于简单性与解释力的权衡,H.G.Gauch的“奥卡姆山峰理论”则为我们提供了一个更加明确的框架。[5]它描述了理论复杂程度与成功概率之间近似于非对称式的山峰状的函数关系,当我们说一个理论的成功概率达到了奥卡姆山峰的峰顶,也就意味着其概率达到最高。如边界不对称说的实际模型所示(图2),在山顶的左侧,增加模型的复杂性可以提高其相对于样本数据的解释力,因为这会更好地拟合实验数据;然而在达到峰顶之后,模型复杂性的增加实际上会降低预测准确性,因为这会导致样本中杂散噪声的过度拟合。但Gauch仅给出了这样一个模型,其并未给出一套具体的方案来确定不同模型中的概率峰值。

三、AIC信息准则作为回应

赤池信息准则(Akaike's Information Criterion,简称AIC准则)是由日本统计学家赤池弘次提出的一种以信息熵为基础的衡量模型优良性的方法。这一准则在曲线拟合的框架内运作,特别注重模型的简单性,并将其转化为对模型独立参数个数的考量。AIC的计算方式为:

$$-2\ln L+2k$$

其中L表示模型的最大似然函数，其显示了模型对样本数据的解释力。k表示模型的独立参数个数，这里对简单性的衡量实际上转化为了对模型独立参数个数的衡量。那么根据赤池定理的一般公式可以看出，AIC模型的应用可以分为以下三个步骤：

1. 提出统计模型。

2. 由极大似然估计法进行参数估计。

3. 由AIC的极小化来选择模型。

以下是三个步骤的具体阐述与推演。

提出统计模型。在这一阶段研究者需要明确所要描述的现象以及研究的目的，并以研究目的为核心通过实验测量获得相关样本数据。以推算大气压强与海拔之间的函数关系为例，研究者需要设计实验，在不同海拔下进行测量，并记录下相应的大气压强数值。为了确保结果的可靠性，通常来说进行的测量次数不应过多也不应过少，那么我们可以选择分别对不同高度及其气压进行40次测量。

由极大似然估计法进行参数估计。极大似然估计法指的是在得到实验样本结果的情况下，通过反推求出最有可能使该结果出现的最大模型参数。[6]这一步骤中我们首先需要计算确定可供选择的模型，然后对可能的模型进行极大似然估计。该步骤能够起到评估模型对数据的拟合度以及预测准确度的作用，通常可以通过计算模型的残差平方和等数值来进行评估。不同模型根据极大似然估计所求得的数值越小，则代表模型对样本数据的拟合度越好。此时求得数值最小的模型对于样本数据来说显然是拟合度最好的，但由于测验误差和干扰等因素，其通常相对于模型都是过拟合的。

由AIC的极小化来选择模型。在这一阶段中研究者将不同竞争模型所包含的独立参数个数以及通过所求$-2\ln(L)$的值纳入计算中，并比较各模型的AIC值。由于AIC值是模型欠佳的一个指标，[7]独立参数个数在计算中作为对模型复杂度的惩罚项，那么AIC值越小则代表该理论越可取，AIC值最低的理论被认为是最佳的模型。值得注意的是，AIC准则允许估计值为负数，只要所得数值最小，该理论即可被认为是最可取的。

当在两个模型之间存在着相当大的差异时，这个差异往往出现于公式的第一项即$-2\ln(L)$，而当第一项不出现显著性差异时，第二项即$2k$则起作用，从而参数个数少的模型是好的模型。[7]由此可知，在对数据进行极大似然估计后，我们从众多可供选择的模型中采用AIC值最小的模型作为最佳模型。这样由AIC极小化得到的模型叫作最小AIC估计(minimum AIC estimate)，这种方法不仅在实际应用中展现出极大的价值，而且为模型的选择提供了科学的依据。

在该方法中简单性并非我们在选择模型时的首要考虑因素，而是作为对抗过度拟合危险的一种考量。它既体现了对过复杂模型的惩罚，也兼顾了对过简单模型的惩罚。通过综合考虑极大似然函数值和独立参数个数，既承认了增加独立参数个数可以在一定程度上提高拟合度，也指出了过度增加参数可能导致的过拟合问题。这种特性使得AIC准则能够在简单性与拟合度之间找到平衡，从而提高模型的预测准确度。并且当AIC值最小时，简单性与拟合度达到最佳平衡，模型的预测准确度达到最高。这恰恰也回应了奥卡姆山峰理论所衍生出的后续问题——如何确定山峰的峰值。

另外值得注意的是，AIC准则的其中一个重要的创新性就在于将预测准确度作为理论评估的标准，因为通常来说一个理论的模型预测准确性高与符合当前证据相比要更为重要。对于任意给定的一组定量资料，我们总是可以构建一个假说来描述它；正如对于任意的有限个数据点的集合，如果不受复杂程度的限制，我们总是可以画出无数条平滑的曲线来进行拟合，这并不意味着这条曲线就是真实情况的反映，[8]并且根据数据构建一条拟合程度良好的曲线本就是模型选择的基本要求。而由于实验测量中的数据与真实情况之间往往存在一定的差异，那么选择一条尽量不受误差干扰并且对未知数据点进行准确预测的曲线，将会在满足良好拟合的基本要求的情况下进一步使模型更接近潜在的真实情况。

除此之外，通常与AIC准则进行并列讨论，并且在简单性方面同样卓有成效的一种辩护策略是贝叶斯信息量准则（Bayesian information criterion，可简称为“BIC准则”）。BIC准则基于贝叶斯原理，贝叶斯原理支持在其他条件相同的情况下，更简单的理论具有更高的先验概率。但为什么要赋予更简单的理论以更高的先验概率仍然是个谜，根本原因在于这样一种假设难以从逻辑上被证明。[9]除BIC准则外，大多关于简单性原则的辩护策略也都同样把简单性作为真理的一种直接指向，但当前我们无法充分阐明简单性与真理之间的具体联系，诸如“自然界本身就是简单的”等观点都是尚未得到充分辩护的。

但AIC准则除了能对过简单问题作出良好的回应以外，仍能在简单性原则的偏好合理性方面进一步作出更完善的回应。原因同样在于AIC准则并不将简单性视为真理的指标，而是将预测准确性作为偏爱简单理论的替代方法论理由，简单性本身则作为一种手段。而如前文所言，由于实验测量的过程中存在干扰因素导致的误差，过复杂的模型只能对旧有的数据展现出较高的拟合度，受测量误差的影响较大，反而无法对真实的潜在情况展现较好的解释力与预测力。[10]

四、AIC准则在应用中的质疑

在深入探讨科学理论的简单性时，我们不可避免地面临一个难题：简单性作为一种理论特征，其衡量标准却难以用普遍、精确的方式来界定。关于简单性普遍标准的各种探索方案都饱受争议。如索伯的信息量衡量方案在部分情况下会导向反直觉、反常识的结果，古德曼的句法措施受语言文化差异的限制，萨加德的比率措施则因其无法投入实际计算而面临困境。诸多学者因此怀疑，是否真的存在一个普适的简单性衡量标准。更为复杂的是，有益的简化和有害的过度简化之间的界限往往模糊不清，通常情况下只能通过一种滞后性的回顾来确认。[2]因为细节的缺失是否会带来负面的后果和影响，通常要等到相关的大量的成果产出之后才能明确。并且随着后验证据的持续增加，对理论的评价也会不断发生变化，这使得对简单性的考量会陷入类似于“悲观元归纳”的情境。

从历史的角度看，考察任何一门科学的发展历史，通常都会发现随着科学知识的发展，旧有理论会有规律被新理论取代，新理论则会变成旧有理论继续被取代。从当下的角度看，过去的大多数理论一定被认为是错误且烦琐的；而为当代所认可的科学理论则是正确且简洁的。但是任何一个时期的科学理论最终都会因其在理论评估上缺乏竞争力被取代，尽管该理论曾被认为是最好的。

在科学史上最具代表性的案例就是托勒密的地心说体系，他通过引入本轮假设，用当时看来最简单的假设解释了观测到的天文现象，从而使其理论体系在当时得以取胜。甚至托勒密自己就说过“我们认为用最简单的假设来解释现象是一个很好的原则”。而太阳是中心天体则被其认为是不必要的假设。但在千年后随着人类认知领域的扩展，需要不断修改维护的本轮体系变得烦冗复杂，日心说作为一种更加简单准确的理论取代了地心说。

以上是目前除紧缩性辩护以外的关于简单性的所有辩护所普遍存在的问题，这意味着尽管AIC准则在评估理论数据拟合中简单性与拟合度的平衡方面表现出色，但它仍只能作为一种参考而非绝对的标准。除此之外关于AIC准则的后两种主流批评意见则更有针对性，第一种批评是认为AIC准则对纳入计算的参数数量存在限制。[11]该批评意见由索伯提出，他认为这一限制源于将AIC应用于模型时需要获取模型可调参数的最大似然估计，并且其估计必须是唯一的。举例来说，我们尝试对海拔与相应的大气压强进行测量，并希望使用AIC准则来确定预测准确度，那么在实际操作中可能会遇到难题。

假设为了尽可能消除测量误差，我们分别对海拔和气压进行了500次测量，那么这样的模型将包含1000个可调参数。这导致了有近乎无限条的曲线可以经过这500个数据点,且这些曲线并不是如边界不对称说中所示的那种为了复杂而复杂的超脱于实际情况而存在的设想情况。那么关于这样一个超复杂模型的极大似然函数将变得无法计算得出。但是同样根据曲线拟合来衡量简单性的贝叶斯主义并不存在这样的阻碍,BIC准则根据的是模型的平均可能性,而不是模型中极大似然函数的可能性,因此BIC准则在对参数数量的规定方面表现出了优势。

第二种批评是关于预测准确性这一目标:AIC准则是工具主义的,在这样的意义下一个错误的模型可能比一个真实的模型更接近真相。该批评实质上是源于工具主义认为科学推理的目标是找到能够准确预测的理论,与此相对的是科学实在论认为科学推理的目标是找到真实的理论。[11]

首先我们确实不否认AIC准则是工具主义的,但这种批评完全将其置于工具主义的框架内去探讨,其狭隘地暗含着预测准确性与真实性是无关的两种因素的意味。但是AIC准则对复杂性引入的惩罚是为了尽可能地排除测验误差对模型选择的干扰,以选择出最接近于潜在真实情况的模型,而这一简单的事实指向了其与科学实在论之间的联系。故而科学实在论者并不应当以此得出结论认为AIC准则与他们的关注点是完全不一致的,AIC准则是有助于科学实在论者完成找到真实模型的这项任务的。[11]AIC准则以预测准确性为目标所体现的工具主义性质并不意味着其在实践领域中会对发现真实模型这一核心目标造成干扰。

可以看出除了对AIC准则的预测准确性进行批评外,其他几种批评都并未从AIC准则的基础出发,质疑其本身的合理性,而是对AIC的实际效用强度以及应用范围产生了质疑。一方面,AIC准则需要面临简单性衡量措施所普遍遭受的责难,即衡量的参考结果只是当下暂时的,随着后验证据的更新应当进行不断调整,故无法作为一种可绝对普遍化的标准。另一方面,其应用范围会受到观测值数量因素的限制,在一些数据量较为极端的情况下,无法使用该准则来衡量竞争理论。而真正对AIC准则的核心目标——预测准确性所进行的质疑则局限于工具主义的视角,并未能展开真正有效的批评。

五、结论

通过深入分析过简单的争议及其实质意义,我们得以窥见简单性原则在应用中需要面临的复杂博弈关系。简单性原则在理论的评估与选择中具有重要地位,但也有其适用范围和局限。当我们认为简单性原则带来过简单问题时,实质上意味着对简单性的追求导致对解释力的忽视。这提醒我们在追求简洁理论的同时,不应忽视其对于真实世界的解释和预测能力。而AIC准则为解决理论选择中解释力与简单性的平衡问题提供了一套行之有效的方案。其综合考虑了极大似然估计法和理论可调参数个数,从而能够在保证解释力的前提下选择相对简单的理论。

尽管AIC准则在其应用方面受到诸多条件的限制,并由此衍生出许多争议,但无论如何其以预测准确性为目标的创新实践,无疑为简单性的研究开辟了新的道路。其不仅能够通过理论的预测能力来评估理论,还能够促进科学研究的深入发展。这提醒我们有较好的预测能力对科学理论同样重要,在今后关于简单性的研究中,AIC准则所提供的这一路径仍然能作为一种启示,可沿此路径进行深入探索与完善,以期科学研究在方法论上不断进步。

参考文献

[1] Masi M. When Occam's Razor Cuts too Deep[EB/OL].(2021-12-14)[2024-8-8].https://philpapers.org/rec/MASTOW-2.

[2] Rescher N.Oversimplification[J].Epistemologia,2007(1).

[3] Michael Huemer.When is parsimony a virtue? [J].The Philosophical Quarterly,2009,59(235):216-236.

[4] Jeffreys H.Scientific Inference[M].Cambridge University Press,1973.

[5] Gauch Jr H G.Winning the accuracy game[J].American Scientist,2006,94(2):133-142.

[6] 胡媛媛,徐东胜.极大似然参数估计法文献综述[J].管理观察,2017(6):123-127.

[7] 刘璋温.赤池信息量准则AIC及其意义[J].数学的实践与认识,1980(3):64-72.

[8] 卡尔·G·亨普尔.自然科学的哲学[M].张华夏,余谋昌,鲁旭东,译.北京:生活·读书·新知三联书店,1987.

[9] K.R.波珀.科学发现的逻辑[M].查汝强,邱仁宗,译.北京:科学出版社,1986.

[10] Sober E. What is the problem of simplicity[J]. Simplicity, inference, and econometric modelling, 2002: 13-32.

[11] Sober E. Ockham's razors: a user's manual[M]. Cambridge University Press,2015.

增强人机信任：人机信任构建与伦理界限的研究

王婧卉*

引言

在人工智能时代，人们可以通过远程操控机器人进行工作，但对于机器人的出现及其在各行各业的普及，社会往往是持一种怀疑态度的，目前人类和机器人之间的信任问题也逐渐显现出来。尽管我们可以选择不信任机器人，但我们大多时候会默认信任，而机器人的设计者，则会特别在程序中铺筑社会线索，让我们以一种“被欺骗”的方式默认此项信任，不可避免地产生了许多问题。随着人机交互技术的发展，基于人工智能与大数据的机器人正逐渐进入我们的视野。机器人凭借着人工智能技术的加持成为一种新的服务形式，它们可以像人一样感知、理解环境、与用户互动交流。我们人类通常自称为碳基生物，碳基文明是对当前人类文明的一种描述，而更上一阶则是硅基文明，理论上宇宙中存在着以硅元素为基础的硅基生命。碳基生物的进化需要极长的时间，而硅基生物个体则只需要很短的时间。而更高层次的文明则涉及意识、精神或灵魂存在的哲学和宗教性，灵魂似乎是一种计算。

机器人进入我们的日常生活后，人们越来越依赖机器人和自动化解决方案来处理重复性和具有挑战性的任务，并与其他群体合作以提高效率和减少成本，使得机器人替代人类完成一些危险任务，但许多人对机器人仍充满了“失控”的忧虑，机器人取代人成为主要的威胁之一。这些偏见导致人们无法接受机器人可以成为人类的伙伴而不是竞争对手的事实。机器人的发展之路是曲折的，不仅需要跨越技术、法律、监管的限制，还需要面临哲学、伦理的挑战。人工智能会不会产生自我意识，能不能实现数字生命，都逼迫我们去思考更深层次的问题。在这个新环境下，

***作者简介**：王婧卉（2001— ），女，湖北恩施人，湘潭大学哲学与历史文化学院（碧泉书院）哲学硕士研究生，主要研究方向为逻辑学。

人们不得不进行下一步思考:如果我们无法信任机器人,那么该如何处理与机器人相关的各种问题,又如何让机器人具有像人一样对环境的感知和反应能力?机器人不等同于人,如在伦理问题的处理上面,机器人仍未能独立承担道德责任。我们需要对人机信任进行研究,不仅是为了解决机器人发展中的诸多困境,也是为了弄清人类与机器人之间的交互,促进人机之间建立良好的交互关系。研究人与机器之间的信任问题具有深刻的哲学意义,这涉及伦理学、认识论、技术哲学以及社会哲学等多个领域。

一、人机信任的基础理论

(一)信任的概念及其哲学意蕴

在讨论人机信任时,我们首先要明确什么是信任。从本体论的角度看,对信任范畴及其所处现实领域的"形而上"之追问,构成了信任研究的本体性论域。关于信任的定义,最早出现在19世纪的经济学著作中,那时,亚当·斯密(Adam Smith)在其《道德情操论》中指出:人们相信自己的判断是正确的,就像我们自己是正确的一样。在这一点上,斯密与大卫·李嘉图(David Ricardo)是一致的,他们认为人类具有理性的思考能力,人们根据自己的理性进行选择,并以此来判断自己是否能从他人处获得最大利益。张连德(2017)将信任的内涵归结为四种:第一,信任是信任主体自身的一种人格特征;第二,信任是信任主体对信任客体性格特征的一种反映;第三,信任是信任主体对他人行为或社会系统的一种期望;第四,信任是信任主体采取的一种具有一定风险性的行动。[15]人际信任关系体现在社会生活的各个方面,关于人际信任的内涵可以从多个视角来阐释。从心理学上来看,人际信任更关注个体心理感受,是一系列心理行为的产物。[15]从社会学角度,信任就像是社会关系的胶合剂,有了它,可以在混沌世界中建立秩序。[5]伦理学主要予以讨论的信任更多的是在道德层面的信任,研究怎样成为一个值得他人信任的人。"信任危机"是指社会成员在基本的信任问题上,由于缺乏有效性的承诺,在社会交往中出现不安全或不稳定的情况。高兆明(2002)提到信任危机的现象,首先是由于现代性过程中对传统的批判性扬弃造成的传统断裂的无根性。其次,信任的对立面应是孤独和焦虑,标志着一种共生的范式最后就是制度性承诺的乏力。[16]

人是对象性的存在物,人不仅在他的思想中主张自己,而且还用他所有的感官在对象的世界中肯定自己。真正的个人,必然与其他人、与社会、与自然界发生客体关系。信任关系要以主体为基准,没有主体,信任问题就无从谈起。人是社会性的，人的很多需求都只有与社会、他人协同合作才能够达到满足，但如果没有信任，这种协同合作就不能够成功，不管是理性因素还是感性因素，都会影响到信任的建立。从知识论的角度看，信任的产生建立在对经验的可行性评估的基础上，主体对信任的观念性掌握形成一种认知态度。信任是一个发展的过程。[15]信任以我们对某个实体或系统的知识和理解为基础，在人机交互的背景下，这引发了关于如何“知道”一个机器是值得信赖的，以及这种知识的基础是什么的问题。这直接触及了认识论的核心——我们如何获得知识以及知识的可靠性。

人机信任的发展同人际信任一样是一个渐进发展的过程。在刚认识的时候，我们会因为陌生而感到害怕和不信任。在认识和了解之后，我们会逐渐增强对彼此的信任。只是机器人不具有人类的情感，这种逐渐增强的信任只能依靠一些现实情况，如对机器人性能、精度、可靠性和安全性的考察。当机器人一次又一次成功地完成了预期任务并达到了人们的期待值的时候，人类会对机器人产生更多的信任。在未来，机器人将会设计得越来越人性化和智能化，达到了一定的度，人机信任将不会再增加，反而是降低。以陪伴型机器人为例，一开始，机器人只是人类的“帮手”，并不能独立完成任务，需要靠人类发布任务和点击按钮指示，机器人才能开始和完成任务。此时人机信任度较低，人需要适应机器。然后，机器人的技术进步，已经能够独立完成一些任务，但在一些特殊的场景中，仍需要与人进行交互才能够完成任务，此时人机信任度有所提升。最后，机器人广泛地应用到社会生活的各个方面，并且具备了一定的自主能力。比如，一个拥有自主意识的机器人隐藏了自己拥有自主意识的事实，在厨房如果机器人端着滚烫的盘子，而女主人和小孩同时都在前面挡路，机器人的优先设定是保护家里的小孩，机器人选择将盘子转向女主人，尽管给出了这样做的合理解释，但仍会失去一定的信任。机器人如果没有完成任务，满足人类的期待，再加之机器人可能出现的失控，信任度会越来越低。

（二）人机信任的特殊性与必要性

首先，对于人机信任与人际信任应做一个区分。汉考克（Hancock）等人认为信任不一定只发生在有意识或者知觉的有机体之间，在人与机器的交互中信任同样存在。当前对人机信任概念的定义可以从两个基本角度展开，一种观点认为信任作为心理实体，具有认知和情感成分，可以被定义为一种态度，即在充满不确定性和脆弱性的环境下，由代理帮助个体实现目标，但却无法直接观察；而另一种观点则认为信任可以被描述为行为特征，即当信任者表现出对被信任的人或机器的信任时，才能说明信任行为存在，然而问题在于如何衡量这种信任行为，相关研究指出人们对自动化的信任行为主要体现在对自动化操作的遵从和信赖。人和机器人之间的信任可以被看作是一种态度。[6]萧山(Siau)将人机信任视为人类对人工智能系统的信任或对人工智能算法提供者的信任。[11]

传统的信任概念只涉及人类这一主体,将其应用于人机信任存在一定的局限性。因此,人机间的信任需要被重新定义,这被称为"电子信任"(e-trust)。[11]它涉及了非传统信任对象——人造能动者。在日常生活中,人造能动者代替人们完成一部分的劳动,人与人造能动者进行着广泛的交互活动。即便人造能动者出现无法适应环境的状况,人们仍然有足够的能力去谈论和评估如何实现对人造能动者的信任。[3]人机信任与人际信任有着本质的区别。人与人之间的信任直接产生于面对面的会面,但人机只在数字环境中产生,它帮助人们在人机互动中克服危险和不确定性。人机信任涉及如下三个方面的内容:作为人的态度;作为智能机器可信度的概率评估;作为一种基于道德规范的关系。[11]但人机信任也应同人际信任一样是作为一个动态的概念,而不是静态的概念,人机信任的变化发展需要我们持续关注。

二、人机信任面临的伦理界限

(一)人工智能的主体性探讨

随着人工智能的发展,人机交互模式也发生了变化,从早期的命令式回应到现在的互动式回应,人机交互模式也从简单的对话交流发展到情感交互。机器人与人之间的交互模式发生了改变,对于人工智能来说,不仅需要提高自我认知和学习能力,还需要考虑到自身的"主体性"问题。

对于人工智能能否有主体性的思考,目前学术界存在着两种情况。支持者认为,当且仅当人工智能具备了"心智",即行为活动来自自为状态时,我们应该考虑人工智能的主体性问题。当人工智能拥有了自我意识,可以进行独立的思考和决策,那么它便具备了主体性的地位。[17]反对者认为当今对机器主体性的考察依然来自对人类本身的主体性地位的间接保障。基于目前的科技水平和经验性认识,人工智能对人脑的模仿还处在一种纯粹机械性模仿的阶段,在这种情况下,机器人并不会产生自由意识,显然无法像人类一样处理社会关系以及进行社会实践。[18]如今,讨论人工智能的主体性可能令人惊讶,但随着技术的不断发展,人工智能将能够越来越接近"人",人类和机器之间的界限将被打破。人工智能的主体性问题将是人工智能未来发展中不可忽视的问题。这也包括关于人工智能的道德主体性的辩论。

"主体性"一直是哲学研究中不可忽视的问题。一般来说,它指的是人的主体性，它表现为人类的自我意识、活力和创造力，而这些都是“人”所具有的特性。[4]但正如康德所指出：人是目的，而不是手段。因此，人不能仅仅把自己看作是工具或者手段，而是要在与他人和社会进行交往的过程中展现自己的主体性。从人机交互的历史来看，人机交互模式也经历了从早期人机合作到如今人机分离、人机融合的阶段。

人工智能系统在逐渐发展中，不仅可以进行简单对话交流，还可以自主学习，并不断地扩展自己的能力。人工智能技术目前正在经历一个快速发展和广泛使用的阶段，其本质是使任务过程以人为本，由机器辅助。陪伴机器人虽然不能独立思考，也没有自己的意志和思想，但它掌握和模仿了一些人类特有的感知和认知能力。它可以通过各种方式与人交流和互动，在与人互动时，它根据用户的语言表达、情绪和情感状态来识别用户的需求，并应用适当的方法提供服务。机器人不仅为人类提供服务，还在与人类的互动中建立信任关系。但是，人工智能所体现的主体性类别不过是基于计算机算法。人工智能不可能有自主意识，因此，从马克思主义哲学的角度来看，人工智能并没有获得主体性，只是人类能力的一种延伸。再如，从具体的人工智能能否获得道德主体性地位来说，支持的一方认为，是破除人类中心主义思想禁锢的一种尝试和努力，具有一定的合理性。但反对者则认为，可能导致一系列法律与伦理上的困境。[19]

授予机器人索菲亚公民身份，授予日本聊天机器人希布亚·米莱居住权，这些都是人工智能在未来可能获得主体权利的一些迹象，根据詹妮弗·罗伯逊的调查，日本公民更愿意与机器人分享他们的生活和工作空间，越来越多的人工智能专家和政策制定者支持机器人应该获得与人类相同的法律地位的想法。[9]虽然人工智能无法获得主体性，但是可以由人来赋予机器人主体性地位的权利，以此帮助实现并提高人机信任。

（二）伦理界限的划定与应用

科技与人性是互相影响的关系，随着科技和经济的发展，功利主义似乎成了价值观引导，发展的目的是追求利益，而功利主义强调自利是人的本性，用效率和利益来作为判断科技的价值尺度，不可避免会出现一系列问题，这导致了科技对生活和人性的扭曲。人类利用科技创造物化的自然世界，体现了人类的主体性，而科技也日益脱离人成为一种独立力量。所谓人格尊严，即人应受到社会的尊重，人能以人之为人的方式生活着。例如基因编辑，虽然能够通过基因看出人和人之间的差别，通过改变基因提高人类的能力，但与此而来的各种伦理问题，如基因歧视等，却让人的尊严受到了极大的践踏。一方面随着科技的发展，我们能够利用科技不断造福人类,极大地解放了人类的双手,让人类有更多的时间和精力发展个人的独特性,但是另一方面,坐在机器前单调重复的工作又使人的自由受到了限制。科技的最初目的就是为了更好地为人类服务,这是初衷,而今出现的各种伦理问题,让我们不得不思考对科技的调适和引导,应引入正确的伦理规则来限制。

除了具有能力的人之外的其他人或物体都不能具有道德主体,比如智力缺陷人士无法对自己的行为完全承担道德责任,在法律上也会对其有所宽容。康德的“绝对命令”是人类道德行为的最高准则。康德看来,唯有理性的有自我意识的人类而非任何其他形式的他在之物是道德的主体。就人工智能目前来说,他不可能拥有意识或是“心灵”,目前仍无法获得道德主体性地位。众所周知的“阿西莫夫三大定律”,从形式上来看,它们类似于宗教上的道德戒律,或是康德所说的道德命令,但是它们并不完备,过于强调机器人对个人的义务,对于复杂的人机共存的社会来说并不普遍适用。应该对具有拟主体性地位的人工智能考虑其伦理地位,“通过赋予人工智能体以道德理论使之成为人类道德规范的承载者和执行者的建议有一定的合理性”[19]。

随着科技“拟人”的发展,以及已经出现的人工智能“失控”现象,迫使我们思考,在机器人出现“错误”的时候,如何划分道德责任。这个问题的核心在于确定责任主体。由于机器行为本质上是人类设计、编程和数据输入的结果,“错误”的发生往往关联到多个环节。道德责任归属可以是设计者与开发者、监管机构、数据提供者以及使用者。而细化到具体的原因,则可能是设计者的设计缺陷和漏洞,数据来源中隐藏的偏见和错误信息,监管的缺失,未按说明正确使用产品等。我们应该思考在人机交互中如何把握伦理界限,确保个人的隐私在人机交互过程中得到妥善处理,不会被非法收集、使用或泄露。同时,人机交互中我们应有绝对的控制权,机器人不应限制用户的自主选择权。人机交互系统的设计和运行需避免强化社会偏见,确保服务对所有用户公平无歧视。人工智能的道德原则设计,应当基于普遍接受的道德原则,如尊重人权、促进公共利益、避免伤害等,来设计道德框架。特别是人机交互的透明度、可解释性、公平性和责任性,确保其决策过程能够被理解和审查。在数据收集和处理过程中实施严格的审查,去除或纠正潜在的偏见源,公平对待不同群体,避免复制或放大社会中存在的偏见。实施持续监测和评估机制,及时发现并纠正算法中的偏见问题。调动技术设计者、哲学家、政府和用户的积极性,共同制定和维护计算伦理的标准与实践。计算伦理学作为应用伦理学的一个分支,旨在将伦理问题转化为可计算的形式,以应对日益增长的智能决策系统在伦理判断方面的需求。

三、人机信任与伦理界限的融合实践

(一)基于人际信任伦理模型对人机信任的调适

刘易斯基(Lewicki)和邦克(Bunker)提出人际信任发展的三阶段理论,此三阶段从低到高依次是:谋算型信任、了解型信任和认同型信任。[1]这三个信任具有内在逻辑关系,前一个层面的信任是后一层面信任的基础,并能够促进后一层面的信任走向成熟。[8]海德特(Haidt)认为人本身的六种属性会影响信任的形成。这些属性取决于一个人的年龄、个性、过去的经验和文化背景等因素。[2]以此为参考,我们可以将人机间的信任也按照人际信任的思路来理解。以陪伴型机器人为例,作为一种陪伴服务类机器人产品,其在设计阶段就需要考虑如何将用户对它所提供服务的预期进行一种量化表达。当人类的期待得不到满足的时候,人们会采取消极的信任。在研发的过程中,需要考虑人机交互过程中可能出现的各种特殊情况,如意外事故、系统故障、隐私泄露等。在这些问题出现时,由于人和机器之间不存在直接接触或信息交流,我们需要考虑如何去减少人机之间产生"信任危机"的可能性。此外,还需要考虑人机之间的交互行为中是否会出现"恶意欺骗"、"恶意侵犯"等情况。人机之间还存在着一种基于"我"和"你"的"一对一的信任关系"。用户通过机器人发出的指令并基于"我"和"你"之间的沟通判断出"你"是否具有完成任务的能力,从而做出相应的动作;当用户向机器人发出指令,机器人完成相应指令后会给出一个相应的反馈。在这种一对一的信任关系下,人机之间往往处于一种比较平等的状态,而机器更多地扮演着"服务者"的角色。但当机器人在执行任务过程中面临意料之外的情况时,也需要人为地予以干预。因此如果机器人和人之间缺少了这种基于"我"和"你"关系而建立起来的一对一信任关系,那么人与机器之间的关系将会变得更加复杂和多样。

由于在人机交互过程中,"我"和"你"是处于平等地位的,因此双方所建立起来的信任关系往往是一种相互信任的关系,而这也正是目前大多数机器人所遵循的人机信任模型。但基于人机交互过程中机器人与人之间的信任关系,我们发现在机器人和人之间还存在着一种相互不信任的关系。即在人机交互过程中,如果用户认为机器人并没有达到自己所期望的服务效果,那么就会选择放弃机器人的服务,并通过其他途径寻求满足。但如果用户认为机器人已经满足了自己的需求,也不会选择继续与机器人进行交互,从而导致人与机器之间缺乏一种相互信任的关系。但是人们在享受人工智能带来的巨大便利的同时,人机信任又反过来影响人际信任关系。人与人之间的交往也出现了异化问题。马尔库塞认为人在技术的控制和支配下,成了“单向度的人”。[7]信任对人机交互的影响仍处于研究和实验阶段,由于人与人之间存在个体差异,所以缺乏实证研究。

(二)人工情绪的注入

人工情绪的注入可以增强人机信任,因为这样可以使机器更具有“人性化”,更加接近人类的思维和行为模式,从而减少人与机器之间的心理距离。同时,人工情绪的注入也能够帮助机器更好地理解和适应人类用户的情感需求,从而提高机器在处理复杂情感互动任务时的性能和反应速度,进一步提升人机交互的体验质量。但是,需要注意的是,人工情绪的注入如果过度、不合理或虚假,反而会引发用户的不信任与抵触情绪,影响人机交互的正常进行。目前关于“人工情绪”的研究有了新的进路,即情绪现象学的角度,具体来说,特别是胡塞尔的“生活世界”理论、海德格尔“向死而生”理论的情绪研究成果有着重要的参考价值。

(三)信任制度化下的矫正责任机制

从哲学视角研究信任问题,我们不得不关注普遍出现的信任危机,信任危机也是当前人的生存困境的一个突出表现。“自我意识的极度张扬、工具主义理性的过度膨胀,使人的责任意识淡薄和丧失,导致其失去了稳定的、统一一致的内在本质,使之不可信任也无从信任。”[12]信任可以作为一种方法论的存在,用来调节社会,信任在社会结构中起着复杂的作用,能够减少不确定性。制度通过其稳定而有约束力的“责任机制”,创设了事先承诺的环境,它预先占有或限制了改变信任关系的可能性,从而为信任双方的重复博弈提供了有责任性和保障性的环境。[14]制度化为信任关系提供了明确的框架,这种确定性减少了信息不对称,从而增强信任感。信任也起着责任矫正的作用,强化了个体或组织对自己行为的责任感。在这种制度的框架内,“交互”是持续的重复博弈,累积信誉。面对信任危机,进一步完善和强化这些制度化信任矫正机制,是缓解生存困境、增强人机信任的重要路径。

(四)人性的自我调适——人格尊严的保留

前文已经提到科技与人性的冲突带来了许多伦理问题,而科技究竟是趋害避利,还是趋利避害,它都是取决于科技研究的主体——人,人们在科技活动中是道德的主体,道德实践活动最终还是要落实到人心内在的认同与行为上面。主体道德自觉性直接决定了主体道德自主性的程度与状况。[13]要维护人类的人格尊严,就得维护人在科学中的主体地位。科学、技术与自然都是与人相对的客体。伦理作为一种普遍的行为准则,应该嵌入人的内心之中,我们要尊重人类的伦理生活,使现代科技的发展符合伦理的要求。人们应加强自身道德责任,做好人性的自我修正和完善工作,在价值取向上使自己的行为向善。

四、结论

在人机交互的背景下,引发了关于如何"知道"一个机器是值得信赖的,以及这种知识的基础是什么的问题。这直接触及了认识论的核心——我们如何获得知识以及知识的可靠性。随着人工智能和机器人应用领域日益广泛,它们的决策可能直接影响人类的生命安全和福祉。人对机器的信任不仅是一个技术问题,也是一个道德问题,面临着巨大的伦理挑战。机器人能否成为人类的伙伴,在人机交互中,如何体现出人类的价值观,以及这些价值观如何在机器行为中体现,是研究人机信任的关键,诸多现实问题推动我们对"信任"进行重新定义。但在本文中,只是就人机关系的信任问题提出了构建方法和解决思路。在实际应用中,还需要考虑如何在不同场景下以及在考虑人的个体差异性中实现对人机之间信任体系的建立,并最终将构建好的信任体系应用到实际应用场景中。人工智能仍有很长的路要走,各项规范都在完善之中,我们人类要充分信任人工智能,而绝不是走向人工智能威胁论等误区来抵制人工智能的发展。在心理学和社会学中已经建立了许多人际信任的概念或模型,但这些模型对人机信任研究的适用性尚未经过合格测试,这属于人因工程的范畴,应该留给人工智能技术专家。

参考文献

[1] Lewicki R J, Bunker B B. Developing and Maintaining Trust in Working Relationships[M]//RM Kramer and TR Tyler (Eds.), Trust in Organizations: Frontiers of Theory and Research.1996.

[2] Haidt J.The righteous mind: Why good people are divided by politics and religion[M].USA:Knopf Doubleday Publishing Group,2012.

[3] Bacharach M, Gambetta D. Trust as type detection[M]//Trust and deception in virtual societies. Dordrecht: Springer Netherlands, 2001: 1-26.

[4] 王义军.从主体性原则到实践哲学[M].北京:中国社会科学出版社,2002.

[5] 郑也夫,彭泗清.中国社会中的信任[M].北京:中国城市出版社,2003.

[6] 闫芮.不同自动化程度操作中人机信任的影响因素研究[D].陕西师范大

学，2021：20-23.

[7] 郭夏青.人工智能时代下的交往异化研究[D].武汉理工大学，2020.

[8] 初浩楠.组织控制与人际信任关系的理论模型[J].商业文化（学术版），2010（11）:380-381.

[9] Robertson J. Human rights vs. robot rights: Forecasts from Japan[J]. Critical Asian Studies, 2014, 46(4): 571-598.

[10] Taddeo M.Defining trust and e-trust：old theories and new problems[J]. International Journalof Technology and Human Interaction（IJTHI），2009，5（2）:23-35.

[11] Siau K，Wang W.Building trust in artificial intellience，machine learning, and robotics[J].Cutter business technology journal，2018，31（2）：47.

[12] 倪霞.信任问题研究的哲学视角[J].价值论与伦理学研究，2016（2）:296-307.

[13] 曾翠.科技时代人性的自我调适[J].中南林业科技大学学报（社会科学版），2014，8（4）:64-67.

[14] 孙伟正，赵建芳.信任研究的八大哲学向度[J].重庆邮电学院学报（社会科学版），2006（2）:161-163.

[15] 张连德.信任研究的基本问题与进路[J].淮北师范大学学报（哲学社会科学版），2017（5）：59-63.

[16] 高兆明.信任危机的现代性解释[J].学术研究，2002（4）:5-15.

[17] 徐昭曦.反思与证立：强人工智能法律主体性审视[J].中共中央党校（国家行政学院）学报，2019（3）：80-88.

[18] 孙伟平，戴益斌.关于人工智能主体地位的哲学思考[J].社会科学战线，2018（7）：16-22.

[19] 张今杰.人工智能体的道德主体地位问题探讨[J].求索，2022（1）:58-65.

【马克思主义哲学】

《辩证唯物主义和历史唯物主义原理》中"实践"概念的演变

李辰笙*

"实践"一直以来都被视为马克思主义哲学的核心范畴。学界一般认为，马克思在对社会物质生活领域进行深入探索后看到"实践"的现实力量，从"现实的个人"出发对"实践"概念进行唯物主义改造，指出全部社会生活的本质是实践的，应"把人的活动本身理解为对象性的活动"[1]，把环境的改变和人的活动的一致理解为变革的实践[1]。马克思的这一理论创见结束了近代哲学物质与精神、理念与现实的二元对立，实现了唯物论与辩证法的有机结合，建构了一种新世界观，从而实现了哲学世界观的深刻变革[2]，因此，我们可以称"实践"是"马克思主义哲学的首要的和基本的观点。"[3]"实践"的发现是马克思主义不断发展的一条核心线索，也是在新时代下不断丰富和完善马克思主义哲学原理的重要途径，但"实践"的确立并非一蹴而就的，任何一个理论体系都是在不断发展和完善之中，而"实践"的观点也不例外。

《辩证唯物主义和历史唯物主义原理》（下文简称《原理》）作为受原教育部政治理论教育司委托编写的高等学校文科共同教材，自1982年问世，先后发行六版，发行量很大，是国内主流的马克思主义基本原理教材之一，而"实践"作为马克思主义基本原理的重要范畴，笔者认为，将该书作为对象，研究"实践"范畴在各版本之间的演变，可以窥见马克思主义哲学原理体系建构的基本发展历程。

一、从物质世界观下的"实践"到实践世界观下的"实践"

在《原理》中，"实践"概念经历了由物质世界观视角下的实践概念（第一、二、三版）到实践世界观下的概念（第四、五、六版）的过程，这一过程也反映了"实践"如何

***作者简介**：李辰笙，湘潭大学哲学与历史文化学院（碧泉书院）2022级马克思主义哲学方向硕士研究生。

由一个马克思主义哲学建构的基本范畴到作为马克思主义哲学基本原理建构的核心范畴甚至基本原则的基本思路。

在《原理》一、二、三版之中，物质世界观是其建构的基本原则，这种模式强调世界是物质的，物质是运动的，运动是有规律的，规律是可以通过实践最终被认识的。在这里，“实践”概念与“认识”是始终伴生的，关于“实践”的论述主要见“认识与实践”一章之中。该版本将“实践”定义为人能动地改造和探索现实世界的一切社会性的客观物质活动[4]。首先，“实践”作为一种“客观物质活动”，标示出主体对于客体能动改造的能力，人通过生产实践、社会关系实践、科学实验将头脑中的构想外化在自然界之中。其次，实践活动在本质上区别于人的主观认识活动。从本质上讲，“实践”是外在于人的意识而存在的，其指向外在的客观世界，强调人对于客观世界的改造，而认识活动则指向人自身，强调人对外部物质世界的反映。实践活动与认识活动作为人类活动的双重面向，具有不同的地位。最后，实践在认识中具有决定性作用，实践是认识的来源、动力目的和检验标准，客观现实的实践活动为人类的认识奠定一个可靠的根基。这样的认识论思路旨在说明世界的可知性，通过将科学的实践观引入认识论之中，“我们自己能够制造出某一自然过程，按照它的条件把它产生出来，并使它为我们的目的服务，从而证明我们对这一过程的理解是正确的”[1]，以此真正驳倒了不可知论。这样的实践概念，看似回应了“世界可知性”这一重要问题，为认识活动和人类知识奠定了根基，但同时也将“实践”的意义局限在了认识之中，我们“勇于实践，勤于探索”的最终目的和结果在于“任何客观事物的奥秘终究是可以被认识的”。实践对认识具有决定作用，但是这种决定作用成立的前提是在认识的领域之内，局限于对客观世界的规律进行认识，“实践”创生性的维度被遮蔽，改造世界的丰富内涵并未得到彰显。

到了《原理》四、五、六版，“实践”不再局限在认识论领域，而是首先阐明实践的世界观意义，将“实践”确立为马克思主义哲学基本原理建构的基本原则。第一，“实践”是人能动改造世界的对象化活动，强调“实践”是一种对象化活动，揭示了“实践”自身的结构：实践主体—中介—实践客体，实践主体是从事实践活动的人，实践客体是被改造的对象，中介则是以物质工具体系为代表的实践中介体系。实践的主体和客体固然重要，但是“实践”并非一个由主体直线过渡到客体的过程，而是通过实践的中介体系实现主体到客体的转化，是一个间接的过程。第二，“实践”是人的存在方式，近代哲学的根本困难在于无法弥合物质世界与精神世界之间的巨大裂缝，最终无法确立人类的根本存在方式，马克思将“实践”作为人类的存在方式，揭示出实践基础上人类生活的矛盾本质，正是在人类的实践活动之中，世界被二重化为主观世界与客观世界，自在世界与人类世界。简言之，马克思肯定世界是一个实践基础上的"矛盾"综合体,"实践"是人的存在方式,"实践"必然发生,"矛盾"必然随之而来,并且随着实践的发展,这种矛盾最终也会走向统一。第三,"实践"是主体与客体双向互动的过程,主体将自身的目的通过物质工具体系为代表的实践中介用以改造世界,同时,客体也将自身的规则通过工具转化为规律作用在主体之上,在主体客体化与客体主体化的过程之中,"实践"自身也实现了发展,人类世界的边界也在不断拓宽,"实践"的世界观意义也体现在此处。

二、实践世界观视域下"实践"范畴的逻辑进路及特点分析

在《原理》中,"实践"从一个认识论范畴逐渐发展为融合世界观、认识论、方法论为一体的范畴,并且以"实践"为核心建构了马克思主义哲学原理体系。

"实践"作为具有世界观意义的范畴,是相对于"物质世界观""实践本体论"而言的。以"实践"为核心,构建马克思主义哲学原理体系,并非简单地将哲学的本体由"物质"置换为"实践",而是通过人在实践活动中构建世界,揭示实践的丰富内涵,从而开启全新的本体论阐释模式。"物质世界观"和"实践本体论"的缺陷在于将"物质"和"实践"规定为一种抽象概念,缺乏能动性,但是将"实践"单纯归结为一种感性活动,回归到"质料层面",显然又失去了超验之维。具有本体论意义的"实践"范畴将实践作为一个总体性的范畴,强调生产实践既是人和自然之间物质交换的过程,又是人和人之间互换其活动的社会过程,同时,还是人与自然之间物质和观念的变换过程。[2]实践内在包含了人与自然、人与社会和人与意识之间的关系,人通过自己的实践活动在自在世界的基础上建造了属人的世界,从而使世界二重化为自在世界和人类世界[2],因而具有世界观意义。同时,对立和差异在实践中形成,也必然会伴随实践的发展走向统一,实践也因此具有了方法论意味。在实践的基础上,马克思主义哲学的世界观和方法论实现统一,因此,"实践"可以作为马克思主义哲学原理体系构建的出发点。

"主体"是"实践"体系的坐标系统。物质世界观下的人是抽象的、蛰居于世界之外的存在物,而实践世界观下的人则是一个能动的、处在不断发展之中的主体。首先,客体与主体,人与世界是相互关联、密不可分的有机体,人处在世界之中,而世界则是人的世界,脱离人的"自在世界",其"运动变化完全是自发的,一切都处在盲目的相互作用之中",主体通过实践活动将自然"人化",不断获得属人的属性,成为人本质力量的确证和展现。其次,"实践"作为人的存在方式,标志着人与动物之间的本质差别,暗示着人的本质是不断生成的、变动的,包含极为丰富的实践内容,需要在实践的过程中通过与客体的相互作用得到确证。人的本质是动态的,这一

本质也只有在实践之中才能够得到理解,凭借实践活动,人成为关系性、过渡性的存在物,成为主体性日益增强的存在物[5]。

“世界”是“实践”的要素和前提。第一,“世界”是实践的前提,“实践”是以承认物质世界的客观性作为前提的,“自在世界”的意义也体现在此。“自在世界”构成了人类实践活动的物质前提和基础,“实践”是对现实物质世界的改造,自然界为人们的实践活动提供材料和对象,是“实践”发生的可能性空间。第二,世界是人类实践活动的对象和对象化。一方面,世界在被纳入主体的活动范围之内,作为与主体对立之物存在时,才成为客体。另一方面,世界作为客体,具有不以人的意志为转移的客观性特征。

“唯物辩证法”是以实践为核心的思维方法。“辩证法”作为马克思主义哲学的根本方法,其现实基础就是人在实践基础上进行的对象化活动。人通过实践活动建立了人与自然界的物质交换,在此基础上形成了人与自然的对象性关系。主体客体化就是“劳动的产品是固定在某个对象中的、物化的劳动”[1],主体在这个过程中向对象渗透和转化,客体主体化是客体从客观对象的存在形式转化为人的本质力量,在主体客体化的同时,客体主体化也在发生,而这是人类实践活动的两个不可分割的方面,二者互为前提,人通过这一活动不断解决现实的矛盾。此外,“辩证法”将“实践”理解为过程,是在事物的矛盾之中把握对象,对于即成的形式,从暂时性的角度理解,从运动发展的角度理解,将其视作一个历史的过程,正是在实践过程中形成的对象性关系,才是实践世界观的真实内核。

“认识”是实践结构的内化和升华。“实践”决定“认识”,“实践”是主体对客体的能动改造,“认识”是主体在实践基础上对客体的能动反映。在实践过程之中,人们开始以观念的方式把握世界,对个别事物的直观反映难以满足人们的实践要求,人需要以抽象的方式理解世界,从纷繁的表象中把握事物的本质,因此形成了以观念把握客观事物的认识方式。实践愈发展,人的观念世界随之发展。认识是在实践的过程中形成的,因而在结构上,认识与实践也具有同构性。认识同实践一样具有主体—中介—客体的基本结构,二者的差异之处仅在于实践是对对象的现实把握,而认识是对对象的观念把握,这种观念式的把握是对人实践活动的内化与升华。

《原理》将“实践”作为马克思主义哲学世界观的核心概念范畴,在论述过程中具有以下特点:

从论述内容上看,《原理》中的实践概念演进展现了主体性和辩证性的特点。“实践”与“主体性”具有内在的一致性。从实践的角度看,人为了发展(历史学意义上的繁衍和创新),首先要能够生活,因此,人类的第一个历史活动,就是生产物质生活本身[1]，人们为了维持自身生存，就必须进行实践，改造自然，同时，人在与自然进行物质交换的过程中，形成人的社会关系，人的本质是社会关系的总和，社会关系在人的实践活动中生成。"实践"是人的存在方式，实践概念的演进过程是将实践纳入人的世界的过程。主体通过实践改造物质世界，构建自己的生活。在这一过程中主体通过实践活动实现自我塑造，因而"实践"是人的存在方式，人通过积极改造自然界，使得人在维持生存的基础上实现了自我发展，在此意义上，实践同样构成了人类的生存本体。世界的本质并非绝对同一，而是在差异基础上的同一，"实践"的目标也并非占有人类世界的终极依据，而是论述相对于人而言的相对真理，我们生存的世界是人的世界，人与世界始终处在一种对象性关系之中。因此"实践"的概念演进要求在对象性关系上思考对象，将关注点从"主客体"两极转向"主客体关系的中介活动(实践)上"，自然界、人类社会和人的认识，都是在实践的过程中形成的，人类社会在实践的过程中一切要素构成了对象性的关系，在人与自然之中，自然界是人生活的自然界，人亦是自然界的产物，在人与人、人与社会中，人的本质是社会关系的综合，二者同样构成对象性关系。

从阐释思路上看，《原理》中的实践概念演进过程突出历史性的建构原则，旨在将"实践"描述为一个过程。"实践"的历史性原则是相较"物质"的实体性原则出发的，《原理》后四版的实践本体论建构就是对前三版的物质实体原则的反思，物质实体的建构本质上是一种决定论，"物质"是世界的本原和基础，哲学建构的目标就是将一切还原到"物质"之上，哲学似乎在静观世界，单纯寻求对世界进行唯物主义的解释。这样的世界是纯客观的，同样也是抽象的，人类的生活难以进入这种哲学的视角，这显然是违背了马克思创立新哲学的初衷。现实的生活世界是马克思主义哲学的立足点，马克思认为，现实世界并不是一个有待人们发现的对象，而是一个在人与世界的双向互动之中形成的矛盾综合体。"历史"原则就是基于对矛盾对立的真实性、客观性的承认，真实地将人类生活理解为一个实践的过程，这种过程论虽然没有在《原理》中得到明确阐述，但是在《原理》中，多次渗透出这种过程思维。首先，世界可以看作是一个过程的集合体，自然界是物质运动的过程，物质与运动密切相关，而运动是标示着事物变化过程的哲学范畴[2]，人类社会的运行发展是一个过程，社会有机体正是在物质生产、精神生产、人自身生产以及社会关系再生产这四种生产过程中得以生成和更新的[2]，人的认识同样表现为生动的直观上升为抽象的思维，以及与此相应的由感性认识到理性认识，再由理性认识到实践的飞跃[2]。

从论证方式上看，《原理》中的实践概念的引述回归原典，旨在还原马克思本人哲思，描述实践何以作为现存世界之基础。笔者统计，以《原理》第一版为例，"实践"的观点主要见"认识和实践"一章，该章节关于实践的引文有4条，其中恩格斯的论述有三条，列宁的论述有一条，而在第六版“实践与世界”一章，共有49条引注，除新增的毛泽东以及卢卡奇的相关论述，引文大部分出自马克思《1844年经济学哲学手稿》、《关于费尔巴哈的提纲》、《德意志意识形态》等唯物史观著作，关于恩格斯及列宁的论述相对较少，这一趋势可以看出《原理》中实践的本体论建构的基本倾向。学界关于马克思主义哲学家间思想差异性尚未有定论，但是，马克思侧重“自我意识”原则（主题原则）而恩格斯以及之后的苏联马克思主义者侧重“实体”原则这一点在学界基本达成共识，引用文献是马克思主义哲学原理体系建构的重要一环，因此，从论证采用的文献变化，可以看出《原理》更多回归马克思本人著述，实践的本体论建构实则是重新回归对“自我意识”即人的主体性领域的关注。此外，“实践”的论述句式也从定义式转变为描述式。《原理》前三版对“实践”主要采取定义式的方式，将实践定义为人改造客观世界的活动，进而论证实践对认识的决定性作用，“实践”似乎与人相关，但是这种定义下的“实践”，只是提供一种理解认识的方式，与人们的生活世界似乎相去甚远。而在后三版中，将“实践”与人类的生活世界紧密联系，描述了人通过“实践”活动将主客体对象化的过程，科学揭示了实践的来源以及人与世界通过“实践”紧密联系的过程，进而将“实践”确定为人的存在方式，不光回答了何以用“实践”解释和改造世界，更回答了“实践”如何改造世界。

三、实践世界观下“实践”概念的价值意义

实践世界观下的实践概念充分展示了马克思哲学革命的真正价值。马克思哲学的任务在于变革旧哲学，实现主体现实化的任务，这一任务的完成同样也是“实践”的发现过程。马克思是在研究主体现实化这一哲学命题的过程中逐步发现“实践”的世界观价值，并将其作为自身哲学体系建构的核心原则，换言之，“实践”范畴发展的历程与马克思哲学革命的历程在本质上是一致的[9]。在《1844年经济学哲学手稿》中，马克思将人的类本质归结为“改造对象世界”的物质实践活动——劳动，他指出：“正是在改造对象世界中，人才真正地证明自己是类存在物”[1]，人在劳动的过程中肯定自己，建立自己的自由王国。但是在私有财产的状态下，人类的实践活动导向了相反的方向，自由之维被异化，陷入被奴役和被支配的状态。劳动从人生命活动的确证转变为对自身的否定，从人的“类本质”转变为“维持自身生存的手段”，但将“劳动”归结为人“自由自觉的活动”，实则忽略了物质生产的现实基础——满足人们自身的物质生活需要，使得作为物质实践活动的劳动具有某种抽象性。在《神圣家族》中，马克思切换视角，从“利己主义的人”出发，重新考察人类实践活动。他从物质生产出发，反复强调物质利益在历史发展过程中的基础性作用，

同时,他聚焦阶级社会中有产者和无产者的对立,指出人民群众是革命实践的主体。从总体看,马克思强调物质实践虽部分实现对唯物主义的发展,但仍未明确将自己的立场与法国唯物主义区分开,以此为出发点也必然会遇到法国唯物主义曾经遇到的困难。到《德意志意识形态》之中,马克思基本完成了同以往一切哲学的彻底决裂[10],这一点正是通过人类社会生活的实践本质实现的。马克思将"人的活动本身理解为对象性活动",把环境的改变和人的活动的一致"理解为革命的实践"[1],即把实践理解为主体在一定物质条件和社会交往关系限制下的能动的活动,在揭示"实践"的内部结构的同时,将"实践"作为核心,揭示人类社会发展的一系列规律,以此完成主体现实化的任务,实现哲学史上的变革。

实践世界观下的实践概念体现了我国马克思主义哲学原理体系研究的范式转换。马克思立足实践,着眼于现实和人本身,开辟了一条面向未来的哲学发展道路,这样的一条道路意味着哲学与现实的紧密结合,展现为一个具有内在逻辑关联的重大理论和现实"问题群"。马克思并没有刻意制造自己的哲学体系,其丰富的哲学思想内蕴在他的"尘世的批判"、"法的批判"和"政治的批判"之中,内蕴在其"形而上学批判"、"意识形态批判"、"政治经济学批判"之中[6]。因此,马克思主义哲学原理是一个开放的体系,并且伴随着时代发展,这一体系必将展现出无限空间及可能性。纵观马克思主义哲学原理的发展史,其中经历了由认识论向实践论转变的历史进程。我国早期的马克思主义哲学原理体系建构(包括《原理》第一、二、三版)承袭以斯大林《论辩证唯物主义与历史唯物主义》为代表的苏联马克思主义哲学原理体系,这一体系以脱离人的实践活动,排除历史过程的抽象"物质"作为起点范畴和建构原则,立足自然,强调物质运动的规律性,社会、个人、人的思维无非物质运动的展开,人类的实践活动更多是对自然规律的认识。这样的体系曲解和忽视了实践的世界观、本体论意义,本质上是一种倒退,是传统哲学"实体"原则的复辟。在这种体系指导下,从实践出发理解"对象、现实、感性"的视角被遮蔽,人的主体地位被否定。直到20世纪80年代,我国马克思主义学者针对苏联马克思主义哲学原理体系展开反思,开展了一场关于马克思主义哲学体系建构原则的大讨论,1988年召开的哲学体系改革研讨会将重建马克思主义哲学体系的方向定为"实践唯物主义",确立了实践的世界观和本体论地位。在此之后的马克思主义原理体系将"实践"范畴作为核心,将世界作为人类实践活动的对象,同时将"物质""辩证法"纳入实践活动中考察,从主客体之间的相互关系出发,指出正是人们的实践活动赋予了事物的辩证本性,同时,将"实践"与当代科技发展与人类生活变迁相结合,阐释了实践的多重意味。

实践世界观下的实践的概念呼应了我国改革开放以来呼吁人性解放的价值诉

求。黑格尔说:“哲学作为有关世界的思想,要直到现实结束其形成过程并完成其自身之后,才会出现。概念所教导的也必然就是历史所呈示的。”[7]马克思说:“一切内在条件一旦成熟,德国的复活日就会由高卢雄鸡的高鸣来宣布。”[1]无论是“密涅瓦的猫头鹰”,还是“高卢雄鸡”,哲学与现实生活从来都是密不可分的。兴起于20世纪80年代的哲学体系改革,即转向实践的本体论建构与我国改革开放的社会现实具有紧密联系,1978年开展了“真理标准问题大讨论”,国家的方针由阶级斗争原则转向生产力原则,在起到思想解放作用的同时,从学理层面,使得人们更加关注人的生活、人的存在活动,学术事件与政治事件在此处相结合,形成互动。之后进行的改革开放,在学理上表现为对主体性的呼唤。一方面,时代要求主体有所作为,充分发挥主观能动性,另一方面,面对新的时代际遇,个人也在寻求新的精神支撑,而哲学恰好是提供精神世界的一方天地,新的时代呼吁哲学为人们的生活提供新的价值支撑,实践的概念演进正是顺应时代变迁,恢复马克思主义哲学的主体维度所做出的努力。[11]

实践世界观下的“实践”概念满足了新形势下构建马克思主义话语体系的现实需要。现实创造话语,以习近平新时代中国特色社会主义思想为指导,围绕新中国七十余载岁月的成功实践,讨论马克思主义话语体系的建构,是新时代下马克思主义面临的任务。话语反映现实,话语的建构的解释力来自与现实生活的契合程度,思想与人们的生活息息相关,好的思想需要面向现实世界,反映人们的现实生活。习近平总书记讲:生活之树常青。一种理论的产生,源泉只能是丰富生动的现实生活,动力只能是解决社会矛盾和问题的现实要求。世界百年未有之大变局与中华民族伟大复兴的战略全局相互激荡,对理论创新提出了迫切要求,时代要求建构一套可以有效说明现实,指导现实的新概念、新范畴、新表达。理论创新推动话语创新,改革开放以来,话语体系经历了从抽象到具体,从宏大叙事到微观体验的转变。传统话语体系受苏联“物质”核心的原理体系的影响,将话语从现实生活中抽象化为普遍的原理,并采取“灌输”的形式将原理固化为特定的口号,并将其奉为“真理”,人对“真理”唯有遵循,这样的真理极易导致教条。改革开放后,理论界关于“实践”本体论意义的揭示奠定了话语的实践基础和日常生活基础,为话语变革进一步提供了方法论基础[8],新的话语反映人的生产实践和现实感受,人与世界、物质与意识,在实践之中得到了自己的位置,世界是有人参与的世界,人也在改造世界的过程中成为世界中的人。尽管真正实现建立在实践基础上的马克思主义话语体系这一目标的道路依然漫长,仍有相当多需要解决的争议,但是这样的求索过程本身就是我们理解马克思主义,实践马克思主义,在新时代下实现马克思主义中国化过程中的重要财富。

参考文献

[1] 中共中央马克思恩格斯列宁斯大林著作编译局.马克思恩格斯选集:第1卷[M],北京:人民出版社,1995.

[2] 李秀林,王于,李淮春.辩证唯物主义和历史唯物主义原理[M],北京:中国人民大学出版社,2022.

[3] 陈晏清,王南湜,李淑梅.马克思主义哲学高级教程[M],天津:南开大学出版社,2012.

[4] 李秀林、王于、李淮春.辩证唯物主义和历史唯物主义原理[M],北京:中国人民大学出版社,1982.

[5] 闫顺利.马克思哲学过程论[M],北京:中国书籍出版社,2013.

[6] 杨耕.马克思主义哲学体系研究——历史演变与基本问题[M],四川:四川人民出版社,2019.

[7] 黑格尔.法哲学原理[M],北京:商务印书馆,2017

[8] 李双套.出场语境中的马克思话语[M],北京:社会科学文献出版社,2020

[9] 刘芳铭.实践唯物主义:马克思哲学革命的本质规定[J].通化师范学院学报,2022(3):5.

[10] 宋元晨.马克思实践论思维方式的建构及当代价值[J].大学,2022(36):17-20.

[11] 张以明.实践哲学与知识论批判——改革开放以来超越传统教科书哲学的两条路径[J].哲学基础理论研究,2009(00):153-160.

卢卡奇物化理论中的新康德主义渊源

张丽云*

卢卡奇从抽象劳动观出发引出其物化理论，又以物化理论为基础提出总体性辩证法，主张利用无产阶级意识来对抗资本主义的物化，这些思想融合了黑格尔和马克思的思想，使人们将卢卡奇看作一个“黑格尔主义的马克思主义者”。这种标签在彰显了他与黑格尔和马克思思想关系的同时，也遮掩了他思想中的其他因素，尤其是新康德主义的成分。

在卢卡奇生活的时代，新康德主义是当时学术思潮的主流。新康德主义将科学分为自然科学和文化价值科学，他们反对在社会科学中采用无规范的自然科学思维，提倡精神、文化、价值的复权[1]。在卢卡奇看来，新康德主义将科学与文化区分开来的思想范式正是资本主义社会文化的反映，但新康德主义立志深入探讨人类文化的本质，从社会角度探索人类意识活动的观点也成为卢卡奇重要的信念。其中，与卢卡奇思想最密切相关的是韦伯和西美尔，以往学术界对韦伯与卢卡奇的关系有很多研究，但在细节和定性上仍有不少值得商榷的问题，而汉语学术界对西美尔与卢卡奇的研究则寥寥无几，值得引起我们的重视。

一、西美尔与卢卡奇思想的关联

西美尔一生与康德哲学相伴，其学术生涯始于对康德思想的探索与研究。1881年，他凭借着《论康德物理学单子论中物质的本质》一文获得博士学位，标志着他对康德哲学的最早深入探讨；随后，他于1904年出版了备受瞩目的著作《康德》，试图挑战康德哲学的局限性；1906年，他又出版了包含文艺评论的著作《康德与歌德》，进一步探索康德思想在不同领域的影响和适用性。西美尔不仅仅是康德哲学的研究者和传播者，更是康德思想的倡导者和批评者。他深受康德先验哲学

*作者简介：张丽云，河北张家口人，湘潭大学哲学与历史文化学院（碧泉书院）2023级外国哲学专业硕士研究生。

的影响，但与康德不同的是，他试图在相对的框架内重新审视认识的结构，并探索其中的动态性和变化。他对康德思想的重新诠释和批判性思考，不仅注入了他学术生涯的活力，也为哲学领域的发展提供了新的思想和视角。通过对康德哲学的深入研究和持续探索，西美尔为认识论和其他哲学领域的发展做出了重要贡献。

卢卡奇在他的著作中对西美尔进行了批判，甚至在《历史与阶级意识》和《理性的毁灭》中对其观点进行了彻底的反驳，这让很多学者容易认为卢卡奇与西美尔分道扬镳，其思想与新康德主义毫无关联，然而西美尔对卢卡奇早年思想的塑造仍然无法抹去。

（一）卢卡奇早年物化观念与西美尔的关系

早期的卢卡奇似乎很难脱离西美尔的理论框架，并在其著作中保留了西美尔思想的痕迹。物化不仅仅是卢卡奇在《历史与阶级意识》中的一个主题，而且可以追溯到他在1912年之前的作品中，是被广泛应用的基础性术语[2]。通过对卢卡奇早期著作《现代戏剧发展史》《心灵与形式》等的研究可以发现，他早在1911年的《现代戏剧发展史》中就已经使用了“物化”一词，只不过实际上在此书中卢卡奇是用“生命的客观化”一词代替“物化”，“生命的客观化”的思想来源之一是西美尔的生命哲学和货币哲学。卢卡奇的物化甚至被视为其1912年前的作品的基础性用语。由于青年时期受到西美尔的全面影响，卢卡奇将主观和客观视为物化的表现，并将劳动分工视为物化的动因。这一早期阶段的思想过程凸显了西美尔对卢卡奇思想形成的深刻影响。[3]谢胜义和弗里斯比等学者指出，“只要人们不着意从其政治立场的改变来看待其思想的根本变化，卢卡奇著作中一直存在的西美尔影响的痕迹就不足为奇”[4]。在关于西美尔与卢卡奇关联的学术文献中，弗里斯比在为英文版《货币哲学》所写的导言中提及了卢卡奇早年受到西美尔影响的阶段以及他对西美尔观点的评论。

在《现代戏剧发展史》中，卢卡奇非常赞同西美尔对劳动分工的看法，他认为现代分工的一个重要方面在于将工作从依赖于工人非理性能力的定性特征转变为依赖于与个体工人无关且与其个性无关的客观因素。这导致工作与工人之间的联系日益疏远。工人逐渐减少个性在工作中的投入，而工作本身也不再需要反映工作者的个性。工作逐渐呈现出独立于个体、客观存在的特性，与个人的个性逐渐分离。[5]

但是与西美尔把资本主义的物化归结为商品经济不同，卢卡奇认为商品经济的普遍性的基础在资产阶级的生产，因此卢卡奇批评了以西美尔为代表的思想家对物化意识形态的现象的分析始终停留在分析物化的直接性上面，“他们对这个问题的‘深化’，就是围绕着物化的外部表现形式兜圈子”[6]，并将资本主义商品经济产生的原因归结为生产。由此可见卢卡奇继承了西美尔，而且卢卡奇发展并超越了西美尔的思想。那么问题来了，为什么西美尔看到了文化与经济的作用却看不到生产的作用？答案就是商品经济成了一种客观的、普遍的文化。

卢卡奇指出，西美尔在《货币哲学》中对资本主义社会的批判集中在对客观文化领域的观察和分析上。在他看来，客观文化的物化表现为物的规律性、永恒性和不可改变性；而主观方面的物化则可分为人的主体方面，表现为抽象劳动的形式相同性，以及人的客体方面，表现为人类的劳动被转化为劳动力。这就是商品形式的普遍性在主客观方面对抽象劳动的制约，这一观点揭示了对资本主义社会的深刻批判，强调了客观文化领域中的物化现象对主体性的影响，并为进一步探讨人与社会关系的哲学问题提供了重要线索。实际上西美尔把资本主义的原则归为客观文化，反而从主观文化的领域对资本主义批判，但是西美尔主张的主观文化仅仅是对资本主义现实的批判，并没有找到真正的问题解决之路

（二）《历史与阶级意识》与《理性的毁灭》中卢卡奇与西美尔的关系

综合而言，虽然卢卡奇本人及许多学者认为仅仅是青年卢卡奇深受西美尔的影响，但实际上卢卡奇在《历史与阶级意识》中的物化思想也深受西美尔新康德主义倾向的影响，卢卡奇在《历史与阶级意识》中的异化思想虽然“转弯抹角地”承认曾受惠于西美尔，却“多半应归功于”西美尔[7]，另外初见基在《卢卡奇——物象化》中总结了物化的四个要素，其中历史哲学与西美尔的文化悲剧相联系[8]。陈戎女在《西美尔与现代性》中则详细描述了卢卡奇对西美尔的印象：西美尔无疑是整个现代哲学最重要、最有趣的过渡人物。这里呈现了卢卡奇在疏离西美尔时期对他的看法，即将西美尔视为过渡哲学家[9]。

第一，西美尔和卢卡奇都明白商品交换在资本主义社会的重要作用，不同的是西美尔认为商品经济是普遍的，因此把原因归结为经济和文化，人创造的文化本应服务于人，却在货币的操纵下摆脱了人的控制，成为压迫人的外在力量，文化的发展越成熟，客观文化的独立性越强，最终成为一股压制主观文化的力量，西美尔讲过，生活的目的被归纳为手段，导致许多仅仅是手段的事物被错误地视为目的；文化的客观产品独立自主地发展，服从于纯粹客观的规律，这两者均脱离了主体文化的影响，并且它们的发展速度已经远远超越了主体文化的发展。[10]

展开来讲，西美尔把主客观文化的对立冲突归结为劳动分工，总的来说他是从生产和消费两个层面讨论了劳动分工的作用。在生产方面，首先，传统的生产方式是以劳动者自身的形象塑造对象，通过劳动者将自我投射到产品中来完成，这种方

式产生的产品具有统一性,并蕴含着生产者的精神性,有助于维系人的完整性和统一性。然而,随着劳动分工的加剧,大规模专门化生产削弱了劳动者与产品之间的精神性联系,产品的意义不是源于生产者的内心,也丧失了其应该具备的精神性特征,而是越来越依赖于与其他产品及其关系的建构。劳动者在产品中难以找到自我投射的影子,产品也逐渐成为劳动者存在的十分片面的组成部分,对人的完整性漠不关心。其次,劳动分工还导致了劳动者与生产资料的分离以及劳动者与自身劳动的分离。在资本主义条件下,生产资料由资本家提供、组织和分配,劳动者失去了对生产资料的直接掌控。劳动者的劳动只有在产品进入交换领域后才能保留在其中,一旦无法利用自己的生产资料进行生产,劳动者的劳动便与其本人无关,变成了客观存在,成了货币的客观等价物。劳动产品具有明确的自主性和运动规律,于其生产者相当陌生,劳动者想要拥有自己的劳动产品只能通过购买的方式。在消费方面,资本主义条件下的消费扩大伴随着生产的专门化,因为劳动产品越是客观、普遍化、缺乏个性,就越适合更多的消费者。

第三,卢卡奇的《历史与阶级意识》是从商品拜物教出发并把商品拜物教问题作为资本主义社会所特有的问题,商品形式具备普遍性之后才能有物化。但是在西美尔眼中,异化则具有普遍性的特征,在米勒看来,西美尔是把异化理解为“现代性自身的一个条件,而不是资本主义的一个特定属性”[11]。

(三)卢卡奇晚年对西美尔文化思想的新康德主义回归

卢卡奇在1954年出版的《理性的毁灭》中对西美尔的批判达到了顶点,他甚至认为西美尔是帝国主义时代依靠利息吃饭的寄生虫[12],批评西美尔忽略大众。卢卡奇认为西美尔的哲学是精英的哲学,没有真正关心无产阶级。尽管卢卡奇转向了马克思主义,但是对西美尔的批判贯穿其一生,这种批判也侧面反映了西美尔哲学对卢卡奇思想的基础作用,西美尔是卢卡奇思想的“幽灵”,使得卢卡奇不得不一生与之斗争,事实上卢卡奇晚年又重新回到了他早年所信奉的新康德主义,杰姆逊观察到从卢卡奇的《审美特性》再版可以看出来晚年的卢卡奇从马克思主义又回归到了为其一生思想奠基的新康德主义[13]。这种转向标志着卢卡奇思想发展中的又一次重要转折,突显出他思想上的持续变化和不断探索的精神。

二、韦伯与卢卡奇物化思想的关联

韦伯对卢卡奇物化思想的新康德主义的影响比西美尔更大,可以说如果没有韦伯的合理化原则,卢卡奇的物化理论是没有办法对资本主义本身予以痛击的,而只能是对资本主义制度、资本主义异化现象的表面批判。卢卡奇从青年时代接触到韦伯的思想一直到《历史与阶级意识》中对韦伯合理化思想的化用与超越都彰显了其物化思想中的新康德主义倾向，由于在晚年卢卡奇主要对文化与美学进行反思，其新康德主义明显在于与西美尔思想的交锋，对韦伯思想展现则较少，因此这里不再重点讨论卢卡奇晚年的新康德主义倾向与韦伯的思想的关系。

（一）卢卡奇早年“生命的哲学”对韦伯合理化思想的吸收

卢卡奇与韦伯的关系是从师生关系开始的。自1912年至1915年，卢卡奇频繁出席韦伯夫妇在海德堡举办的“星期天沙龙”。在此期间，卢卡奇不仅接受了韦伯的新康德主义思想，而且还致力于超越其所承载的思想框架。韦伯的妻子玛丽安妮·韦伯注意到了青年卢卡奇对超越韦伯合理化思想的渴望，她曾提到卢卡奇他们渴望摆脱新康德主义哲学所具有的单纯否定和分析特征，希望加速一种有机文化的生成，以取代个体主义的破碎局面，这一愿景隐约蕴含着一种宗教或乌托邦的新选择[14]。

卢卡奇在《现代戏剧发展史》中使用的“生命的客观化”来源还有韦伯的合理化思想，合理化不是简单地否定或者肯定行，而是一种陈述，在翻译过程中，日语中的“合理化”即翻译成“物化”[8]。孙伯鍨教授也曾注意到了青年卢卡奇的生命哲学思想受到韦伯合理化影响的方面，一是他发现青年时期卢卡奇的哲学理念从根本上是生命哲学的新人本主义，而支援意识中的黑格尔哲学并不是那种原初的客观唯心主义大全，而是经过人本主义化的总体性逻辑；二是他认为对卢卡奇影响最深的实际上是带有新康德主义色彩的韦伯，即使当韦伯成为他理论批判的主要对象之后，这一点也没有改变[15]。

（二）《历史与阶级意识》中卢卡奇对韦伯合理化思想的化用与超越

在《历史与阶级意识》中卢卡奇用了很大的篇幅将韦伯的合理化原则与自己的物化理论结合起来，“对我们来说，最重要的是在这里起作用的原则：根据计算、即可计算性来加以调节的合理化的原则”。[6]卢卡奇不局限于吸收韦伯的合理化思想，而是通过对韦伯合理化思想的批判完善他的物化理论，他认为韦伯之所以认为合理化原则是资本主义下的现代人无法逃脱的命运，是因为其只看到了合理化原则演变为客观文化主导人的现实生活，却没看到人的精神生活领域主要是艺术领域对人的自由启示和认识意义功能。但是卢卡奇却不可能止步于浪漫主义艺术，艺术只能是精神的逃避而对于现实的改变收效甚微，在这里对艺术的超越不仅是对韦伯和西美尔的超越，更是对其思想中的新康德主义的超越，在卢卡奇看来韦伯认识到合理化原则已经主导了整个资本主义社会并成为现代人所难以回避的命运。

卢卡奇化用了韦伯的思想于自身的物化理论中,但是韦伯的合理化思想和卢卡奇的物化理论之间有两个区别:

第一,二者将经济合理化领域放置的位置不同。对韦伯来说,经济合理化只是一般合理化过程中的一个例子,经济合理化是置于宗教和文化中的,脱离了这种背景,经济合理化思想就会存在问题。韦伯曾经指出把经济因素作为历史文化唯一决定性因素的观点是一种"盛行于不求甚解的人和门外汉的意识中"的教条[16],他在《新教伦理与资本主义精神》中详细探究了合理化原则如何成为资本主义社会的主导准则,他深度剖析了新教的发展历程,从对天主教形式化体系的不满开始,推进至建立了更为严格的体系,具有更大压迫性和奴役性。在这复杂的转变中,韦伯着重强调了两个关键因素:人的焦虑和人作为实现上帝意志工具的信仰。随着新教解放人们摆脱了天主教形式化的宗教仪式,特别是摆脱了教士作为上帝与信徒之间不可或缺的中介的控制,人们却发现自己陷入了对永恒救赎是否获得的焦虑之中。这种焦虑被转化为通过计算来操控客观世界的活动。人被视为实现上帝意志的工具,因此,人的工作被视为对上帝救赎的证明。世界不再与上帝直接相连,而人的工作成了上帝和世界之间的中介,世界成了人工作的产物。在这个过程中,不仅外部世界成为被计算和操纵的对象,同时人本身也沦为了这种计算和操纵的对象。这一演变对资本主义社会的发展产生了深远影响,将人与世界都纳入了理性计算和控制的范畴之中。并且,在韦伯看来,现代人是逃脱不开资本主义合理化原则的命运的,而且现代人无力与这种必然的社会对抗,韦伯一直在探寻对抗这种命运的生活态度,但是结果却是只要资本主义制度存在,人们就无法摆脱合理化的命运,梅扎罗夫认为韦伯的合理化分析将资本主义关系永恒化,并将这种资本主义生产关系视为社会生活无法超越的形式,没有注意到社会阶级的反抗作用[17]。

第二,二者对于资本主义合理化命运下的人是否有出路的观点不同。对卢卡奇来说,物化是基于交换的经济合理化的结果,以商品形式作为相应的客观形式,合理化的实质是物化,化用韦伯合理化的思想,卢卡奇将其物化理论清晰地体现了出来。因此,卢卡奇将所有形式的西方合理化追溯到经济的物化过程,卢卡奇认为韦伯主张的合理化的过程存在着内在的限制,即在整个社会并不是所有事物都可以被合理化,理性出现了不兼容的矛盾[18],这是因为资本主义社会仅承认形式和商品的外在表象,而生活并不仅仅受商品属性的支配,形式与内容之间的关系并未真正实现有效的联系,从而无法实现全面的生活体验。我们只能拥有一个局部的、被合理化的系统，而系统之间的关系无法得到保证。如果资本主义只看到合理化的道路，那么必然会最后导致非理性的狂欢。哈贝马斯也概述了卢卡奇对韦伯的“形式理性”概念的批评以及他相应的主张，即合理化过程源自社会价值领域的特定功能的特定类型的目的理性特征[18]。这意味着在劳动对象的层次上所有不能被计算的东西被剔除或者不被承认，比如妇女的家务劳动、妇女生产的小孩儿不能被计算，因此就会被剔除出去，所以最后被放进商品生产过程中的去掉了不可被计算的内容，只剩下抽象的形式的规定性。另外卢卡奇也认为资本主义合理化下的人是有拯救自己的方法的，这就是无产阶级意识。

三、新康德主义因素在卢卡奇思想中的框架地基地位

卢卡奇物化理论的地基是西美尔和韦伯的新康德主义思想，他用韦伯的合理性原则弥补了西美尔的非理性原则的缺陷，从而构筑起资本主义的物化理论框架，然而理性与非理性的理论互补还不足以使得其物化理论完善，卢卡奇又吸收了马克思主义的思想并且关注文化和艺术对于人类解放的重要性。

青年卢卡奇说过自己在1908年第一次接触马克思的思想时，主要是借助于韦伯和西美尔的方法论的中介去理解马克思的，卢卡奇借用马克思的商品拜物教思想深化了自己的物化理论。在借用马克思思想的同时，卢卡奇也反对当时占主导地位、日益唯物主义的马克思主义学说，努力避免教条主义的陷阱，以及它对不断变化的行动条件变得不敏感的倾向[18]。卢卡奇认为在资本主义社会发展的后期阶段的马克思主义的思想已经不能满足社会的需求，当时资本主义物化已经不仅局限于经济领域而且扩展到了政治和文化领域，以至于马克思最初的理论不再足够，而且当时正统马克思主义已经出现教条化问题。

卢卡奇一生都在关注文化，文化是人的解放道路之一，而新康德主义主张将康德进行的哲学批判从纯粹理性范围扩展到对全部人类文化现象的审视，进而构建一种涵盖逻辑认知和前逻辑认知的全人类意识活动的文化哲学体系，因此资本主义社会被分为两个领域：一是受形式理性原则主导的客观文化领域，另一是受自由原则主导的主观文化领域。卢卡奇从西美尔和韦伯那里认识到了由形式理性主导的客观文化领域的僵化，张双利教授曾说在卢卡奇看来，西美尔在《货币哲学》中对资本主义社会的批判和韦伯对合理化理性原则的批判，不论站在主观文化角度还是客观文化角度，都涉及的是客观文化领域即资本主义现代化的生活[1]。与西美尔和韦伯的解放路径相反，卢卡奇早期主张通过现代主义艺术实现人类的自由解放，但后来他在《心灵与形式》一书中认识到现代主义艺术并不能真正击破资本主义时

代人的物化枷锁,反而只有虚无;在《历史与阶级意识》时期,卢卡奇主张通过无产阶级意识实现人类解放;卢卡奇晚年研究美学将视线转向文化角度。

利用伽达默尔前见解的正当性问题来讲,解释者在解释开始的时候没有必要放弃内心已有的前见解,但是必须思考前见解的正当性、有效性,即要分清楚哪些前见解是由事物本身而来的,这样才能排除不是由事物本身而来的前见解的干扰,如果不加考察,前见解就是任意的,就不能达到真正的理解,因此对卢卡奇物化思想的理解不能仅仅讲马克思和黑格尔,而要对物化本身有正当的前见性理解。而且伽达默尔坚持占据解释者意识的前见和前见解是历史给予的,并不是解释者可以自由支配的,谁不能把自身置于这种历史性视域中,谁就不能理解传承物的意义[19],不论是对卢卡奇物化理论马克思主义方向的支持还是黑格尔主义方向的支持,都只是一种"前见的偏见",他们忽略了前见的历史给予性,没有站在卢卡奇物化理论的共有前见视域中,因此在分析卢卡奇的物化理论时不能忽视新康德主义的奠基作用。[20]伽达默尔说问题不是消除偏见,而是合理地评价偏见,批判以上理论旨在强调卢卡奇物化理论中新康德主义思想的地位,以促进卢卡奇物化理论研究的完善与发展。

总而言之,卢卡奇虽然学习吸收了马克思主义的思想深化自己的物化理论,但并不是把马克思的思想作为自己的奠基,而是又不断回归新康德主义思想对资本主义物化的文化和政治进行解救。

参考文献

[1] 张双利.从韦伯到马克思——再论卢卡奇对资本主义社会的双重批判[J].当代国外马克思主义评论,2010 (00):266-288+417-418.

[2] 衣俊卿.新马克思主义评论[M].北京:中央编译出版社,2012.

[3] 杨向荣.现代性和距离[M].北京:社会科学文献出版社,2008.

[4] Altmann S P.Simmel's philosophy of money[J].American Journal of Sociology,1903,9(1):46-68.

[5] 赫勒.卢卡奇再评价[M].衣俊卿,等,译.哈尔滨:黑龙江大学出版社,2011.

[6] 卢卡奇.历史与阶级意识[M].杜章智,任立,燕宏远,译.北京:商务印书馆,1999.

[7] G.H.R.帕金森.格奥尔格·卢卡奇[M].翁绍军,译.上海:上海人民出版社,1999.

[8] 初见基.卢卡奇:物象化[M].范景武,译.石家庄:河北教育出版社,2001.

[9] 陈戎女.西美尔与现代性[M].上海:上海书店出版社,2006.

[10] 西美尔.时尚的哲学[M].费勇,等,译.北京:文化艺术出版社,2001.

[11] 米勒.物质文化与大众消费[M].费文明,朱晓宁,译.南京:江苏美术出版社,2010.

[12] 卢卡奇.理性的毁灭[M].王玖兴,等,译.济南:山东人民出版社,1997.

[13] F.Jameson.Marxism and Form:Twentieth-Century Dialectical Theories of Literature[M].Princeton:Princeton University Press,1974.

[14] Gluck M.Georg Lukács and his generation,1900—1918[M].Harvard University Press,1991.

[15] 孙伯鍨.卢卡奇与马克思[M].南京:南京大学出版社,1999.

[16] 马克斯·韦伯.社会科学方法论[M].杨富斌,译.北京:华夏出版社,1998.

[17] 姜华.物化的遮蔽:韦伯的合理化原则——青年卢卡奇对韦伯合理化思想的分析与批判[J].学术交流,2017 (7):18-24.

[18] Dahms H F.Theory in Weberian Marxism:Patterns of critical social theory in Lukács and Habermas[J].Sociological Theory,1997,15(3):181-214.

[19] 汉斯-格奥尔格·加达默尔.真理与方法——哲学诠释学的基本特征[M].洪汉鼎,译.上海:上海译文出版社,2004.

[20] 陈来.诠释学中的“前见”——以《真理与方法》为中心的分析[J].文史哲,2021,(3):151-167+254-255.